国家出版基金项目
NATIONAL PUBLICATION FOUNDATION

明清野史丛书 第一辑

崇祯长编

长编

（外十种）

李鹏飞 编

［清］佚 名 等 著

北京出版集团
文津出版社

图书在版编目（CIP）数据

崇祯长编：外十种 ／（清）佚名等著；李鹏飞编 .—
北京：文津出版社，2020.2
（明清野史丛书 . 第一辑）
ISBN 978-7-80554-700-8

Ⅰ.①崇… Ⅱ.①佚… ②李… Ⅲ.①中国历史—野
史—明代 Ⅳ.① K248.045

中国版本图书馆 CIP 数据核字（2019）第 179408 号

出版策划：安　东　高立志
责任编辑：乔天一　熊立章
责任营销：猫　娘
责任印制：陈冬梅
封面设计：吉　辰
书名题字：老　莲

明清野史丛书　第一辑
崇祯长编（外十种）
CHONGZHEN CHANGBIAN
[清] 佚名 等　著
　　李鹏飞　编

出　　版：北京出版集团
　　　　　文津出版社
地　　址：北京北三环中路 6 号
邮　　编：100120
网　　址：www.bph.com.cn
发　　行：北京出版集团
印　　刷：河北赛文印刷有限公司
经　　销：新华书店
开　　本：889 毫米 ×1194 毫米　1/32
印　　张：10
字　　数：172 千字
版　　次：2020 年 2 月第 1 版
印　　次：2023 年 5 月第 3 次印刷
书　　号：ISBN 978-7-80554-700-8
定　　价：58.00 元

质量监督电话：010-58572393
如有印装质量问题，由本社负责调换

出版前言

1925年12月10日、12日、25日，鲁迅在北京的《国民新报副刊》上分三次发表了《这个与那个》（后收入《华盖集》），在第一节《读经与读史》中，鲁迅说：

> 我以为伏案还未功深的朋友，现在正不必埋头来哼线装书。倘其咿唔日久，对于旧书有些上瘾了，那么，倒不如去读史，尤其是宋朝明朝史，而且尤须是野史；或者看杂说。
>
> ……
>
> 野史和杂说自然也免不了有讹传，挟恩怨，但看往事却可以较分明，因为它究竟不像正史那样地装腔作势。

1935年2月，鲁迅在《文学》月刊第四卷第二号上又发表了《病后杂谈》（发表时被删去第二、三、四节，后全文收入《且介亭杂文》），文末也提到野史：

> ……我想在这里趁便拜托我的相识的朋友，

将来我死掉之后，即使在中国还有追悼的可能，也千万不要给我开追悼会或者出什么记念册。……

现在的意见，我以为倘有购买那些纸墨白布的闲钱，还不如选几部明人、清人或今人的野史或笔记来印印，倒是于大家很有益处的。

鲁迅一向看重野史、笔记之类非"官书"的史籍，盖因官修正史常是"里面也不敢说什么"的，而通过野史的记载，却往往能提供官书有意无意漏略不言的细节，也就是前引文中所说的"看往事却可以较分明"。而明清两代的野史记述了大量官书所不载的人物和事迹，其中还有不少是时人亲见、亲闻，乃至亲历的，其重要性不言可知。这些史料早已为学界所利用，但对大众读者来说，往往还是陌生的。编纂出版《明清野史丛书》，想来还是"于大家很有益处的"。

当然，作为史料，野史杂说也有其不足之处。鲁迅说它"免不了有讹传，挟恩怨"，这在明末清初的一些史料中尤其明显。例如，《蜀碧》等书将明末清初四川人民遭遇的兵燹之灾一概归罪于张献忠，《汴围湿襟录》将决河淹没开封的责任推在李自成头上，《三湘从事录》作者蒙正发粉饰自己和恩主章旷、李元胤的所作所为，敌视由大顺军余部改编而成的"忠贞营"等，经过现当代学者的研究，都证明是不可靠的。由于本系列主要面向大众读者，我们不可能对书中记载一一进行核实和考辩，只能提请读者注意：尽信书，则不如无书。

另外需要说明的是，明清时期的野史，成书之后多通过抄录流传，不但鲁鱼亥豕在所难免，即残损佚亡，也不在少数。我们在编辑本丛书的过程中，尽量依据不同版本进行校勘，纠正了书中一些错字，特别是错误的人名、地名。但是，有一些人物在不同历史记载中的名字、行迹甚至最终下落都有不同，无法强求一致。如南明武将陈邦傅，一些史料写作"陈邦传"，由于没有第一手史料可供确认，在编辑本系列所收野史时，也只能各从其原书写法。至于明显由于避讳改写的字，如改"丘"为"邱"、易"胤"为"允"、书"弘"为"宏"，则径自回改，以存历史原貌。

总目录

全吴纪略

〔明〕杨廷枢

全吴纪略

天启六年三月望日，周忠介以忤珰被逮。缇骑至苏，势甚横，索贿凌轹者百端。枢与王节、刘明仪等具呈应抚，为忠介申理。毛一鹭，阉党也，拒弗纳，吴民不胜愤。

十八日，于西察院署开读，有颜佩韦等因众愤而击死官旂，一鹭遂大张其事以闻。时念阳徐公在光禄，见帖大惊趋走，彻夜不可寐，诘旦谒银台同寅诸公求缓封，勿即上。适直指徐吉疏亦至，公阅之，以士民狂逞无知等事入告，视抚疏情形稍减，先上之。魏阉知厂卫殴毙，怒甚。朝臣大半仇东林，欲假此一网打尽，俱以危言劝珰曰："吴民为乱！"议发兵尽坑之，公独倡言于朝，反复抗辩，最后以全家百口具状力保吴民不反，珰怒弗顾也。

当是[时]（灵皋按：原本作"天"，今依文意改正）玉峰相柄国，公念此事，惟彼力能得先于珰，然非怵以利害不为我用。乃阴[使]（灵皋按：原本作"侠"，今依文意改正）人给其家人曰："吴人闻有旨屠城，票拟必出自相君，当人取一编管，先往爇其里第而后死耳！"相闻之，果惧，昏夜造公邸问计，公曰："子方当国，而大祸及于梓里，其谁谅之？且厂惟子是听，盍急止之，则可以免祸，然众怒难犯也！"相不得已入见珰，跽请者数四，且曰："苏州钱粮重地，如国赋何！"珰始霁，许以为首者主死，余不问，盖微公一激之力不及此，然在阁臣拟旨，亦由按疏先上，可以笔下从宽，而于抚疏，则直云："已有旨了！"此先后之间，厥功尤大也。

方两疏未奉旨时，吴中一日数十惊，谓大诛旦夕至，移家出城，跟跄奔窜，风鹤殆无宁日。及得旨，惟置颜佩韦等五人于法，[黜]（灵皋按：原本无此字，今依黄煜之《人变事略》校补）[王]（灵皋按：原本作"行"，今依《明季史略》及黄煜之《人变事略》校正）节等五人名，莫不引手加额，庆苏城亿万生灵，皆由公再造也。公旋中珰祸罢，归来匝月，而公遽饮毒以殒。郡中缙绅士庶感公之德，而又悯公之死，相与欷歔涕泣请于抚按曹公、庄公建专祠而尸祝之，枢不禁怆然有感而纪其略云尔。

东阳兵变

[清] 佚 名

东阳兵变

许都，浙江东阳县人，故副都御史弘纲之孙也。任侠好义，远近信服。县令姚孙棐贪虐残民，借名备乱，横派各户输金，而坐都以万。都家实中产，勉输数百金，诣自告竭。孙棐大怒，摘都所刻社稿姓氏谓是"结党造反"，桎梏之。时输金者盈廷，哄然沸乱。有姚生者执孙棐于座，按之街下，笞之，群拥许都为主，巡按御史左光先闻变，即调台州兵行剿，所至屠掠，东阳、汤溪、兰溪民各保乡寨拒敌，官兵大败。光先遂以许都反闻，集兵处饷，人人幸功。杭州推官陈子龙谓："都实非反者！"遣生员蒋若来赍书谕之，都即率同事十三人诣杭投狱，子龙为之请，光先不许，悉斩之，尽隐孙棐之过，命之复任。此崇祯十七年正、二月间事。

崇祯长编

［清］佚 名

目　录

卷　一

崇祯十六年癸未十月辛酉朔，帝亲享太庙。

壬戌，孝洁肃皇后忌辰，遣崇信伯费尚楫行礼。

丙寅，懿安皇后千秋，免命妇朝。

丁卯，大学士魏藻德自请阅视防河，帝嘉其壮猷忠愤，但以时事多艰，仍留阁赞理。

十一日，小雪，百官戴暖耳。

谕："蓟、密、宣、大，口外各属，先朝原最恭顺，近复多受戎索，吃赏守边。屡当新乱之后，诸部携贰。各督抚正宜乘机收抚，多方鼓劝，使其倾心内向，乐为我用。其哈马市赏，前遣张致雍招致到边。市口即开，似亦熟练。还着量给兵马，重其事权，俾可责成展布，该部作速看议以闻。"

谕户部："兴贩烟酒，法原不赦。今特弛禁，听从民便，须加等纳税。每值一两，纳耗三钱，如有漏税不遵者，除烟酒没官，仍依律治罪。"

戊辰，谕兵部："孙传庭轻进寡谋，督兵屡溃，殊负任使！本当重究，姑削督师尚书职衔，仍以秦督充为事官，戴罪收拾余兵，扼守关隘，相机援剿，图功自赎。如仍前使偾，致纵一贼入秦，前罪并论！"

谕兵部："贼势披猖，责成晋、豫、保、东四抚防河，已有屡旨。着各整顿兵马，即日亲督起行，驻宿河干，协力扼御，不许一贼窥渡。仍将到信日期，各具本奏明。如或迁延，必罪不赦！"

谕兵部："关门孔棘，需兵扼防。前发去江督边兵三千，着撤回原信，勒限到关，不许沿途耽缓。所过地方，照例供给粮饷。统兵将领，申严纪律，即飞檄行。"

谕户部："军需浩繁，兑会一事，奉行得宜，亦足济目前急需。着该部多方鼓劝，或一面兑会，一面差官赴各关照数支给。务使国用商资，两得通便，不许官胥勒掯减少，违者参治。其有兑银独多者作何旌异，立限三日内议妥来奏。并察前次所兑商骠，曾否给足？如有压欠不完，即行参处示惩。"

升程珣为苏粮道。

谕："边事孔亟，昨发蓟督军前银两、火炮、铅药，恐解运稽迟，着督察。一面速差内员同该部差官，即日督催星解。"

己巳，谕户部、兵部、都察院："近闻边警，富豪争收煤炸，居积市利，以致煤价腾贵，殊为病民。着五城御史禁饬平价。该部仍措价题委勋臣一员，往西山买运入都，以资不时平市。"

谕吏部、都察院："边烽孔炽，内地戒备宜严。照上年分遣察协事例，遴选才干素优、著有城守功绩者八员，往顺天等八府，察办城守，鼓励乡勇，坚壁清野，参治倡逃，有功优叙。差出各官务减从恤驿，严禁下役，违者重惩。"

谕南京守备韩赞周："现今内库缺乏布疋，前将库贮收不拘色样尽数解进，再会同该部，于钞关芦课解京银内动用五万两，委派的当官役，分头置办，随差船内陆续起解，完日具奏。"

丁丑，户部用司务蒋臣议行钞法，条上八事：

一曰速颁榜文。蒋臣欲以十七年三月制钞起，秋冬之间遂行之，而以今岁颁发榜文，布告中外，约岁行钞五千万，则为蠲赋五百万。行之四年，则新练两饷，可以全蠲；五年而夏秋两税，可以时减。此令一下，民欣感泣下，不忧钞法之不行矣。

二曰详算界法。蒋臣谓古人此法，本谓之称提，其意欲与民间白金之数，稍稍相准，过此则不能行矣。自洪武八年行钞起，至于二十七年，已有忧钞法不行者，职此故也。今岁行五千万，五岁为界，是为二万五千万，则民间之白金，约已尽出，后且不可继矣。故一界以后，以旧易新。五界既行，则通天下之钱数，又足相抵。是白金一，恒有三金付之以行。而聚于上者，又从赏赉与积谷之法以流通于下。总之不竭之源，恒在天府。卒遇水旱军兴，蠲赈缺额，即增造数百万以补益之，是谓恒盈之道也。

三曰制造宜工。凡钱钞之制，所以欲其精好者，防奸伪也。蒋臣所引国初制造之法为详，而总以御前颁发者质厚重而致洁清，为外廷所未经见。蒋臣请或于内府制造，或于臣部开局。臣以为不如内府制造，民间无从模仿。其印文载"大明宝钞"者，宜于内府印出，而宝钞提举印，或改为臣部左右堂督理之印，印以紫粉，以重事权。大略并纸墨工本印色诸费，至五厘一张，则无不精巧矣。而蒋臣前议中，欲于钞皆用使姓名印泥，便稽考，其法亦是大明律条旧载，似亦可行。而所画成界，或五纸随原钞缴进。

四曰倒换宜信。今钞法所以不行者，惟是赏赉或有颁出，市肆不行倒换，故上用而下不用也。今既课程赃罚，一切用钞，则民间不得不倒换于官，及恐官胥留难。蒋臣谓今铜钱亦铸于官局，而民间列肆，未尝不鬻钱。利之所在，必藉商以迪之。商领于官者，使之少有羡溢，则商自趋之如鹜。宜如洪武十三年之例，在京在外，各置行用库，便民倒换。不论商民人等，换于官库者，每钞一贯，止纳银九钱七分，而通用行使，输纳完官，准作一两实收；倒换铜钱，准作一千文，则争趋如鹜矣。臣语之曰："如此，则朝廷每岁五千万贯之钞先亏损一百五十万矣。"蒋臣对曰："岂惟如是，所蠲加增之赋，又已五百万，而纸墨之价，约费又二十五万，合之为六百七十五万，皆朝廷施之于民者，此之谓大赉也。然而五千万之入，恒未尝减百万于各省会以为铸本。其进之内府，尚四千三百万，于以助挞伐之威，何有哉？"

......

七曰早开铸局。今既颁发钞法榜文，即宜颁行钱法。其十三省，皆令各布政司开局鼓铸，布政专董之。大省动支应解京钱粮十万，中者八万，小者六万，其钱式一准京颁榜式，费银一两，铸钱一贯，惟务精好，不取铸息。凡商人买到新钞至彼，即以钱偿之，一钞准钱一贯，不许短少，而臣衙门各钞关各边饷司，皆许动支铸本一二万，开局鼓铸。惟铜价炭价，尽责地方之不铸者，则钱钞相颁，而其利自得矣。

八曰设官宜重。今钱法以部侍郎督理，而宝泉局又有专差，则钞法亦宜如是。或以钱法兼理，或以钱法分治，即臣部左右侍郎事。然在外之提衡有司者，全在抚按，则两侍郎俱宜兼院衔，于事体始便，而提举一官，亦宜改为臣部差，此则蒋臣议中之所已及，而臣特为之申饬者也。

疏入，帝言："钱钞兼行，原属祖制，宜万世永遵。因未画界期，致年久昏烂。今率由旧章，务期裕国足民，上下通行。敢有阻坏假造等弊，照律重惩。奏内颁榜文、工制造、开铸局、信倒换俱如议。界期改为四年，就宝钞司准照新颁样式，仍着在内行造。应用物料，该司奏议。其行使姓名、侍郎兼管及用堂印俱不必行。提举司照旧仍将督捕阻坏诸法，察照律例，确议申明。其余未尽事宜，卿还广询博采续奏。"

太监王德化请造钞物料，诏令户、工二部察照旧例，分派省直速办。

王德化请造钞工役，帝言："造钞急需匠役，着该部责令五城上紧召募一千名，务选谙练钞纸刷印者，照数速解，以供造作。仍雇觅在京工人一千五百名，分派各作，随匠演习。其应给养赡、工价等项，着户、工二部酌议速奏。"

帝谕礼部："向来考卷，原备造钞之需。见今积存若干，并年允文移纸张，俱搜括送司，以充造作。其在京在外各衙门，废籍故纸，着该部一并搜取解司，不得违误。"

户部请造钞物料，帝言："派纳钞料等项，着省直照数办解，内□□于近畿、山东附近地方挪借关税采买，先行起解。余各省直设法采买，通着该抚按料理，不许迟误。废纸、盐引及无用试卷，搜发汇送，余着宝钞司察奏。"

以马世奇、杨昌祚为顺天武乡试主考官。

谕礼部："迩来兵革频仍，灾祲迭见，内外大小臣工士庶等，全无省惕，奢侈相高，僭越王章，暴殄天物，朕甚恶之！向屡经严饬，未见遵行，崇俭去奢，宜自朕始。朕于冬至、正旦、寿节、端阳、中秋及遇诸大典，升殿行礼，方许作乐，其余皆免。至浣衣减膳，已有谕旨。今用铜锡木器，以仿古风。其金银各器关系典礼者，留用；余尽贮库，以备赏赍。内外文武诸臣，俱宜省约，专力办贼。如有仍前奢靡宴乐、淫比行私，又拜谒馈遗、官箴罔顾者，许缉事衙门参来逮治。其官绅擅用黄蓝绸盖，士子擅用红紫衣履并青绢盖者，庶民男女僭用锦绣纻绮及金玉珠翠衣饰者，俱以违制论。衣袖不许过一尺五寸，器具不许用螺、紫檀、花梨等物，及铸造金银杯盘。在外抚按提学官大张榜示，严加禁约，违者参处。娼优皂隶，加等究治。"

召抚宁侯朱国弼、忻城伯赵之龙、南京通政施邦曜来中左门。

总兵官左良玉疏报："白云寨生员札授游击易道三、

易祚远等率乡勇二万余人，与献贼战于雷田，擒斩伪知县余高升、伪监纪兵事王登伍即王尔忠等，斩三百五十余级，请破例优叙。"得旨："看议。"

戊辰，孝昭皇后忌辰，遣广宁伯刘嗣恩行礼。

戊子，礼部尚书林欲楫引年求罢，优诏许之，仍赐路费银三十两，纻丝二表里，命驰驿去。

升朱之臣南京鸿胪寺卿。

谕户部、工部、都察院："疏通钱法，本为便民，已有谕旨。近闻低钱甚多，必须严禁。务使尽数收买做铜，制钱方无壅滞。着司钥库及五城亲行收买，不许惊扰，如有胥役故为需索害民者，必杀无赦。该城动用房号银两，该库动用新钱，随收随碎，类解该局鼓铸。收过数目，一月一奏，仍以收钱多寡为诸御史殿最。其收换一准市价。未尽事宜，听经管酌议以闻。"

己丑，差郑封巡按广西。

谕户部、兵部："宣镇为陵京藩屏，关系甚重，援剿必先，非他镇可比。昨据总兵唐钰面奏：镇标兵止六千，马匹仅三百，月饷压欠年余，何裨缓急？兹特发御前银三万两，该镇亲领市马，户部即察发饷钱二三月，以付该镇。仍将宣镇军马及督抚镇各标所属见领京运、民运屯盐本折等项，通行详核以闻。"

擢原任兵科都给事中张缙彦为兵部尚书。时缙彦服制未满，诏许朝房视事，候服阕到部。

以龙文光为都察院右佥都御史，巡抚四川。

命余应桂仍以兵部右侍郎兼都察院右佥都御史总督陕西三边军务。

拟升程正揆为司业，帝言正揆现在察处，不允。

升户部郎中王宗昌为天津粮道。

谕吏、兵二部："巡抚王扬基封疆失守，罪无所辞。据守备何志孔据镇按之言，才犹可用，兹特准免提问，戴罪图功自赎，照旧巡抚湖广荆襄承德，以昭朝廷使过之仁。今贼既入秦，荆承襄阳亟宜乘时恢复。湖广抚镇并附近各督抚，通着速橄鼓锐迅扫，收拾陵疆，以膺茂赏！"

谕吏部、都察院："秦中贼势孔亟，援剿方殷。监军御史，不可不设。霍达屡以才略推举，且系秦人，着同总督余应桂等星驰前去，调集各镇兵马，催督钱粮，稽核功罪，鼓励乡勇，收用废将，连络秦中官绅士民，刻期荡扫。有功破格升荫。应给敕书，即速换给。"

顺天巡按韩文铨疏言："枢臣冯元飙卧疾，未能出奇制胜，且有荐贤自代之意。"帝令文铨回奏。文铨云："元飙屡疏荐人，又有举知之说，是其举贤自代明矣。"报闻。

崇祯十六年癸未十一月辛卯朔，兵部尚书冯元飙疏言："臣于前月曾具疏，明臣迁懋之性，虑有乘病构机，陷臣于罪者，然犹妄意之，而未敢以为实也。今历闻人言，则有可骇可怖，不敢不忍死一奏者。台臣卫周胤、韩文铨，皆奉特旨议处，与奄奄病臣何涉？乃周胤见臣病正危，反出一疏，谓臣病之或重或轻，未知真伪，而文铨又出一疏，阴阳其词，非欲陷臣以规卸，即欲陷臣以泄密，何二臣不约而同也！忆昨岁告警时，臣以病余任捕务，仓厂库狱，毖防不暇，而诸臣忽欲推臣为宣督，臣亦不敢辞也。即今已成废人，而犹冀他日稍痊，求为督抚以当寇。皇上察臣平生，曾有畏难避恐之心乎？日者关外之警，闻兵科已有公疏参臣病误，臣甚服之。乃又闻有公疏以谓臣尚可伏用，奉有调理商榷之旨。信如诸臣之言，岂谓封疆不妨久误，而枢员必无生理耶？臣每叹前此枢臣，大率多不得其死者，如杨嗣昌死于行间，而犹不免追论。至臣今日，则已千机万措，似终不容臣得正而毙也！嗟乎！同是国家之臣子也，何以一登司马之堂，则时不论久暂，罪不论重轻，死必不使稍全其身名，病必不使归殁于丘垄？使继此而为中枢者，不亦难乎！不亦悲乎！倘非皇上怜臣，而予臣以生，则臣之受祸，更不知何底矣！"疏入，帝许辞任，令私寓调理，又云："卫周胤等已有旨，不必致辩。"

帝谕："大学士陈演公忠端练，久简朕衷。时事多难，特加首辅，用资燮理。"

吏科给事中左懋第劾提督孙尚进贪横，令所司核议。瑞王奏中原寇势，帝言："狡丑披猖，宗藩不保，朕心痛悼靡宁。览王奏，弥增恻悚，着该督抚镇加意防护，以巩王居。其鼓义勇，从实征剿，一洗从前积习，尤为本论。"

谕礼部："朕长女年已及笄，礼宜择配，卿部榜谕官员军民人等年十四五岁，品萃端良、家教清淳、人才俊秀者报名，赴内府选择。"

皇长女婚礼应用府第及冠服等仪，敕所司如例造办。

壬辰，帝谕辅臣传敕兵部："近闻中式武举技勇可用者，当作何罗致委用？有合式技勇，未准入场者，实系何故？应察明。"

帝谕："总兵官唐通着用心整练兵马，相机战守。有功之日，优叙隆酬。其死事刘之伦，从优议恤，金声速与起用。所司知之。"

改四川巡抚李化熙巡抚陕西。

赐盛以恒祭。

癸巳，升王国宝署总兵职衔，充总兵官，镇守河南。

赠曹变蛟崇禄大夫、太子少保，荫一子锦衣卫指挥金事，世袭。

福世子请重兵防河，帝令看议。

升项煜为詹事府少詹事。

甲午初，兵科给事中时敏，有论编修林增志、李士淳疏，未经奉旨，即行付梓。增志入告，帝令时敏回奏。至是敏言食鱼中毒昏愦，家人误将疏稿一概付梓，具疏引罪。报闻。

吏部侍郎李建泰捐资防河，帝以急公嘉之。敕秦晋抚按鼓练乡勇。

帝谕："黄得功累著战功，并马得功等，应得诰命，察明即给。将士从征劳苦，家属偶遇灾疫，深可悯念。还酌议优恤，以励忠勤。"

福建总兵郑芝龙引疾。帝言："郑芝龙久镇潮漳，劳绩茂著。在任殚力料理，以固岩疆，不必引请。"

瑞王捐禄助饷，帝以急公嘉之。

乙未，御前赐总兵唐通大小银牌二百面，以为鼓励特功之用。

丙申，补原任副使张秉祯为南昌兵备。

升礼部员外余朝相为广西提学金事。

帝言："刘超虽系逆恶，其事变追根，固亦当论。方士亮已经别案提问，着速行究询，傅振铎着议处以闻。"

丁酉，左都御史李邦华疏陈生节之计：

一曰民间之蠲助。乡绅富民家以万金计者，输二百金，以次递加。五万金者，输千金。十万金者，输五千金。令各抚按核实以充数，优礼以为招。有罪者释之，无罪者旌之，朝廷不靳奖劝之典，绅民中必有起而赴义者。计臣宜立限取数回报，无致稽延可也。

一曰在官之蠲助。臣昔按浙二年，解过赃罚后，尚遗银四千九百两，以备地方缓急，乃近闻各差赃罚解京外，悉取而归，则蠲助宜从按臣始，抚臣应之。若司道以下至府县，缺有烦简，地有饶瘠，相应每岁各省合造认数一册解部。若借题滥罚，三尺仍当懔随其后耳。

一曰生员之进学。向者开纳，亦有辽生、工生之例，然姓名不列于黉序，儒生共相耻笑，于是虽招而不至。今当行各提学官，察每县入学旧额外，增十之一二，每名纳银二百两，仍与诸童生共收一考，有高下，无去取，一体送学肄业。此后愿岁考者听；如不愿岁考者，听其以衣巾寄学终身。至于省直童生，府取限外，每邑察地方旧例，每名纳银若干，与正案童生一体收考，不限名数。既免钻营，无妨进取，亦一策也。

一曰衙门之清厘。天下吏胥无一非作奸犯科之辈，而顶首之积，盈千盈万，日见御史伦之楷参一奏如乐，而顶首已四万二千，则各衙门可知。今以绅士庶民尽义急公，乃此辈独朘民膏而坐享之乎？宜令中外各衙门印官，访胥吏之殷厚而诚恪者，责令助饷，限以成数。大都取其顶首十之三，其仅属

二三百金者不必问。若其生平无过，自愿乐输，仍
留供役。否则径行革逐，以清吏蠹。仍追顶首之
半，亦厘剔中寓搜括之一策也。

此外凡天下勤王之师，议取饷，勿议征兵。黔
属产铜之地，议抵粮，勿议商贾；荆常两关罢鼓铸，
则贾人不受掯勒而铜贱；滇粤各省行开采，则山海无
私藏。要之有治人，无治法，惟皇上之慎所使耳。

章下所司。

山东地震，敕所在修省。

戊戌，凤阳守陵太监谷国珍疏报地震，略云："凤
阳为高皇帝发祥之地，近年地震，汹汹不一。如臣履任
以来，摇撼有声，或若迅雷，或若巨炮，业同督抚按臣
合词具闻矣。自后月一响，疑为雷而不轰，疑为火而不
烈，然未有如九月之震为更异者。初一日巳时末，有府
城地震，从西北方来，向东南方去（灵皋按：就下文看似
应增此字）。响声如雷，房屋摇动。未及一刻，又响一
次，其声稍微。初七日巳时，又响一次。从西北方来，
东南方去。本日戌时，又震，方向如前。初八日，又
震。从东北方来，向西南方去。十四日酉时末，震动如
雷，房屋动摇，居民惊惶。西北方来，东南方去。十五
日酉时，地震有声如雷。从西北方来，东南方去。臣粤
稽古史，历阅凤志，虽震动特书，尚有甚于此者，第未

有震动频频，而又在半月之内，且兼值朔日也。其最后出地奋响尤厉，至十八夜，连响三次。十九寅时，又震一次。二十一日夜，又响二次。微臣职司陵寝，当此多事之秋，闯逼在豫，献横在楚，实为凤之隐忧。臣消弭无计，只可与文武大小臣工，交相警戒省惕，侦探防护而已。"疏入，帝言："地震异常，朕衷警惕！其实图修省，安民防寇，巩护陵疆，不得疏玩！"

兵科都给事中曾应遴疏奏："前得湖北巡按御史黄澍之报，内云：'岳阳于八月初五日献贼入陷矣！'彼武汉蕲黄，既已恢复，而楚抚王聚奎何以不偕方国安等俱往，而远驻长沙？岳州为湖南抚按信地，何以李乾德、王聚奎、刘祚熙不行奏报，而湖北按臣乃先报耶？地方官不能固结人心，止办一走。岳州不守，则走长沙；长沙不守，则衡宝一带，皆非我有。楚中抚按文武官兵，将何之乎？此时左镇扼剿江州，尤宜分堵袁、临。倘江省不戒，毋论溯流渡岭，闽粤相邻，江南财赋之地，必成中断。将顺风扬帆，直走长湖彭蠡，绕出浔江之东。江督师即拥师十万，艨艟千艘，措手何及乎？此臣所为大恐也。昨日又接得山西抚臣蔡懋德奏报，则云：'潼关于十月初六日闯贼袭陷矣！'彼白广恩先贼而归者，为潼关也，督师单骑渡垣曲而西者，亦为潼关也，岂白镇截断东贼逃奔老山之说，只为差官伍学礼之捏报，而贼扮逃兵，假督师坐纛诈关之说验耶？今督师白镇何往？

主客信地将领何在？而竟以天险予贼耶？入潼关则百二山河，全省震动。江寒水冻，在在可虞。彼此闭关，则休力三秦；渡河，则自无畿晋，必然之势也。谁为督师，而一败涂地，贻祸无穷！此臣所为大恐，臣又不胜大愤也！封疆决裂，事势至此。中外之臣，死何足塞？而中枢顾可以屡请告泄沓乎？"

帝言："贼闯西秦晋蜀淮扬等处，均宜慜备。在廷大小臣工，凡可强兵足饷，用人灭贼者，各抒所见以闻。孙传庭、白广恩下落着迅行察明。"

升礼部主事林佳鼎为广东提学佥事。

都察院请差四川巡按，帝曰："蜀路阻塞，新差到任何时？刘之渤料理有绪，应再留一年。"

庚子，抚宁侯朱国弼疏荐淮安海防同知黄铉，谓："铉本将种，生长边陲，曾遇流寇，颇多斩获。抚按以边才荐，今以病请休致，乞赐起用。"得旨察核。

礼部右侍郎李绍贤引疾求罢，优诏许之，令驰驿去。

闯贼犯山西，敕催守河。

闯贼入秦疆，敕催防河。

辛丑，汝宁真阳知县朱蕴疏言："流寇作乱，十有余年。中原残坏，止存孑遗。初坏于一不知兵之陈奇瑜，次败于一笑谈风月之杨鹤，酿此大患。臣谓凡败事总制诸臣，皆呫哔书生，虽稍闻兵法，曾未身历行间。

一临军阵，谈虎色变。且机权在握，展缩自由，诸将遂成雄连之势，故每战不胜。臣□□成德间，虽间有二三制臣，稍获树立，然皆旷代奇才，未易多得者也。况今人才难得，宜有改易。乞暂停总制文臣，访边劳武臣之智勇兼备者，拜为大帅，督以十万之师，赐以尚方，副将以下，便宜行事。须命师出颍州，从滋袭汝，取河南，踞南阳，则豫楚分而为两。再命秦、楚、蜀各抚臣扼军境上，不使贼逸出一步。惟以守为功，不以战为功。各按臣以措办粮饷为功，而不以战守为功。大帅惟贼是求，其一应事宜，无烦指顾。战守各有分任，自不难于成功矣。然总制须重监军。考之于古，有以太子代者，则监军诚非细事。再考《会典》，勋戚不许干预朝政，防危杜渐，固自有见。臣愚以为作监军可。何则？勋戚为天子亲臣，择才望素著者持节监军，可侔大帅。一以制其跋扈，俾官军中举动巨细，日夕得以上闻，诚便计也。"

工部都给事中汪惟效疏奏汴河塞决无闻。帝言："汴河修筑经年，近来何无奏报，殊属延误！着察钱粮有无全到，及工程期限，逐一奏明，该部速行振饬。"

户部员外郎杨延宗遵旨奏明戴运昌侵饷一案。得旨："据奏，戴运昌发银陆两，原未到易，径行瓜分，并求嘱私书，着作速察明究夺。"

吏科给事中左懋第疏奏闽寇窥渡情形。得旨："据称闯贼造船甚多，狡谋叵测，其九江、安庆一带，宜加意愆防，力遏东窥，毋致疏玩。”

命陆卿鸣掌锦衣卫南抚司印。

赐张国柱祭七坛，加祭二坛，造坟安葬。

谕兵部："平贼镇臣左良玉等专攻逆献，奉有屡旨，其前恢复会城有功，并所过地方备御事宜，已有谕旨。但贼根未深，流毒已远。该镇驻师九江，恐鞭长不及。可即同抚按臣王扬基、黄澍移驻武昌。仍听相机灭贼，以膺通侯之赏。"

南京兵部尚书史可法请选用废将，从之。

大学士王应熊疏荐将材："原任蓟镇团练总兵官左光暨，原任山海总兵官尤世威、侯拱极，原任副将王世宠，原任参将白国印，原任蓟镇都司张光显、侯京，见任凤县游击赵启祥，见任白水守备王茂才，空闲游击康进忠，都司刘承训，守备柳文宠、左福，空闲指挥同知尤建鼎，千户刘光裕，百户曹捷，滇羌游击鲁希圣，现管宁夏坐营都司赵光瑞，锦衣卫指挥同知李天俞，原任大松山守备祁廷谏，原任榆林守备王国栋，西宁卫指挥使王云龙，原任守备王玉，西宁卫指挥加衔守备韩进国，汉羌总兵官标下战将加衔都司等官，共八员：王有臣、齐升、张得俊、赵之魁、胡友、宋汝安、撒应科、牛世英。"章下所司。

大学士王应熊疏奏："臣观迩来用人之途，亦甚易矣。登甲不数年而巡抚，履任不逾年而骤易。纪纲未必粗布，肯綮何曾熟尝，真以官为传舍也！推官即升监临，知府即界节钺。名分转换，凌替易生，真以官为戏场也！此固由缺多人少，为通权济便之计，乃其治效亦可观矣。州县长令，民之所托命也。甲乙明经选除之外，有保举，有宗室换授，有明经特恩，号为御进士，一时彬彬，无不颂皇上恺悌作人、爱育黎首之德意。然循良之绩，未见大著。盖保举之法，知人实难，夤缘请托，参乎其间。至于换授亦然。其营缺于铨司，通络于胥吏，无以异也；干谒于巡方，乞援于贵要，亦无以异也。然皆取偿于穷民之骨髓。迩日制科之额广至四百人，亦足用矣。请停罢诸科，俾仕路少清。新授刍牧之任者，极力保障，所谓用人当谨其始者，此也。屯田裕边长策，若阡陌果开，囷仓咸实，本色渐足，折色可减，岂非至幸？臣独于屯官而疑之。稽考历来之典制，山东巡抚，原带营田，沿边各道，多兼屯田者，则祖宗朝之良法，必有深意。今各处治屯道厅，莫不是废闲起用，似乎为人设官，非择官任事之意。将来屯租，不至抑勒摊赔，虚册报登，即可矣。钞法始于宋末，国初以济度支，利赖实多。但民间不习于耳目者二百余年，一旦骤用，保无窒碍乎？闻高皇帝行钞时，盖用严刑以法之，今中外人心汹汹，未可复用峻法。屯、钞二事，臣愚恐将来所获，不如始愿，而更有欺隐之弊，纷扰之烦，所谓立法当虑其终者，此也。臣从田间来，草野愚陋，不识大计，辄此妄议，以备庙堂采酌。"

疏入，帝是其言："向来用人，未尝凌躐，骤升殊非政体。以后内外大小各官，还遵旨久任。屯钞事在必行，务期裕国足民，不得欺隐滋弊。章下所司看议。"

帝谕："督臣王永吉奏：筑台护关，关系防御事宜。该部先发银二万两，工部发银八千两，户、兵二部各发银二千两，毋得争执贻误。"

帝谕："推知截俸，至今年十月停止，其经征钱粮，如有未完，蒙溷起送，该抚按藩司官，一并重治。仍遵前旨，三途并用，兼选乡贡。"

壬寅，冬至，祀天。礼部奏请亲诣行礼。

冬至，帝御殿受群臣朝贺，赐百官宴，免命妇朝。

大学士王应熊疏奏："臣器质卑庸，不堪用世。奉召以来，凛刻期到京之旨，惟知趋命为恭，不复计其冥行而颠趾矣。次良乡，拟缮疏控辞，不敢轻入国门。伏念中外交警，圣心焦劳，臣子拟当伏候天阍。且万里间关而来，近在咫尺，不一觐宸颜，无以展狗马恋主之忱。是以星夜趋跄，拜瞻丹宬，兹获重睹天日，不觉悲感交并。惟是多事殷忧之日，非具大过人之才，无敢担荷重任。如臣碌碌，试而不效，已见于前。今以黯劣之夫，处深密之地，用孤危之迹，立震撼之冲，此臣所为战悸而罔措者也。伏望皇上悯臣愚昧，特许退归，昭朝廷宽厚终始之恩，全微臣硁鄙进退之节。"疏入，帝优诏许之。令驰驿回籍，遣中书杜如胤护行。

兵科给事中傅振铎回奏疏云："臣于本月十三日见锦衣卫都督同知骆养性题为大逆辇金事，奉旨：'高擢等刑部讯拟速奏。傅振铎、刘昌，何故发名帖，抹职名？许密奏。着自行回奏。'臣自乙卯从蒙城调繁永城，三年拮据，控驭逆超，所以防之者独严，而超所以恨臣为独深。臣禁超不得多蓄家丁，招亡命。臣自练亲兵二千，列营四门，及奉命行取，犹视事地方两月，权饷千余，广兵八百，其事故不与刘超，而与乡绅魏景琦，生员丁启胤、王琦珍。凡以削其翼而掣其肘耳。臣离任四月，而难端大作，遂杀魏景琦、王琦珍等。虽幸毒不及臣，而及臣所亲信倚任之人，岂止怒甲及乙而已哉？臣闻其事，即具'大伸国法，秘饬军机，以诛叛逆'一疏。正月二十六日奉御批：'本内奸叛机宜，兵部密议速奏。'臣并以书通故抚臣王汉，欲其以智取逆超。不意机泄事败，戕抚囚绅，屠城踞邑，臣有'具遏叛之便图'一疏。二月初四日奉御批：'兵部看议并复。'忽于二月初旬后，有丁魁楚家人丁继文，来臣寓禀说：'本县王仲宝等来京，门禁严谨，不得轻进，乞发一帖照验。'臣于是时思见永城人如闻谷音，急取名帖，与坐门诸臣，求其察验放进，此微臣发名帖愚昧之缘因也。

及王仲宝等来见，哭泣在地，云：'望臣救活一县百姓，保全合邑绅衿！'臣曰：'谓何？'答曰：'刘超见今踞邑叛县，囚胁练国事、丁魁楚等，逼写公疏，以求解豁。'臣即叱之曰：'名节俱在，城存与存，城亡与亡，何得为超代作此疏？'王仲宝等又云：'此疏不系练乡宦原稿，系刘超所改作也。'臣曰：'既如此，断不敢轻渎圣明，恐于汝永乡绅幽囚忠愤之意，不能自白，不敢具陈，即欲具陈，必先具密本奏明，以见逆超胁逼之狡谋，以见乡绅被胁之苦衷，或可乘机图事，故当日商酌及此。旋思臣已两有密奏，恐烦言渎听，无益军机，随即中止，此微臣所拟议而究竟未敢密奏之缘因也。

至刘超所改疏稿，列丁启睿职名，臣问：'启睿何在？'答曰：'见在郧阳集，去县四十里。'臣因而诧之曰：'刘超逼胁众绅，改削本稿，溷列职名，其欺罔无足论矣，尔等因众绅被胁，持逆超改稿来京缮写，而不论被胁与未胁之人，径书入告，不几诳乎？自无以服启睿也。'故臣为抹之，以示必不可上闻之意，此则臣抹去职名冒昧之缘因也。"

升李景廉南京国子监司业。

帝言："湖南按差着归并湖北，专责黄澍料理，准宽限六月复命。敕书即撰颁给。"

南京山东道御史陈良弼疏荐旧台臣今岭西道方震

孺、原任郧阳抚治袁继咸、安庆兵备佥事张亮，三臣足任封疆。帝言："已俱有旨。"

甲辰，选庶吉士周钟等二十六人。

福世子由崧疏奏："河朔以黄流为门阈，而畿辅以怀、卫、彰为屏翰，然闯贼自扰乱豫中以来，未常忘念河北。向以河洛未陷，犹有举动夹击之虑。今大河以南，一望荒凉，所隔者惟此盈盈衣带，贼众数十万，无可肆掠，加以大兵驱剿，势将不间道以屏秦，必窥渡口以越河。则我之戒严，不可刻容疏略。若河防有法，使河朔无恙，畿辅晋东半壁咸安，可以制贼死命。讵期贼大股忽于七月二十九日，抢船渡过武陟，河干闻报，警惕莫措，臣母啼泣靡宁。幸抚臣秦所式率同镇道诸臣，奋力格剿。贼见我有备，于八月初二日仍渡而南矣。贼今伏移犯巩、许河口甚急，所虑大股豕突而来，河北兵单。前见按臣苏京'复请量添防护之兵'疏内，实在兵数，历历言之，详矣。矧黄河迢递千里，以不满万之卒，欲御数十万之寇，不异螳臂挡车。恳乞急敕枢部诸臣，议简重臣，提调兵将，专任河防，兼集山左、山右、畿南附近之兵，统以道将，移镇河干，使贼匹马不渡。则三府六藩，重地得宁，畿辅晋东自安，而神京可巩固无处矣。"章下兵部速议。

左都督田弘遇疏奏："幼子敦吉为皇贵妃胞弟，蒙恩授以都指挥佥事。卑微一官，不足以延贵妃遗泽。请照神庙郑贵妃胞弟国泰例，授官左都督。"又为妻侄吴吾贤乞恩授锦衣卫指挥佥事，谓吾贤曾经继嗣也。

给吴襄俸廪，用蓟辽总督王永言请也。

帝谕："吏部所举各官，须详注堪任何名，如李建泰、丘瑜、杨汝成、吴甘来、吴邦臣、张懋爵、王家彦、方岳贡、曾应遴、蔡鹏霄、柳寅东、刘捷、涂必泓、徐养心，未注职名。即日具本以闻。"

乙巳，左良玉请饷。帝言："该镇发兵进剿，粮饷自当接济，抚按官何故坚拒？着即补给奏夺。今后进兵处所，有不行应付者，定以失误军机治罪。其派定省分，着落专官事宜，该部即与议复。见今贼势益猖，各城迭陷，该镇亦须鼓励荡平，以慰倚任至意。"

赐讲官刘若宰圹价。

以杨汝经为都察院右佥都御史，巡抚甘肃。

丙午，谕户部、都察院："近来盐法壅滞，皆由地方奸棍，倚附王官船只，恣意夹带，无敢诘究，耗课病商，莫此为甚！着巡盐御史严行搜禁，设法清厘。搜出私盐，尽行没官充饷，犯人照律加等治罪。其王府关支盐斤，作何照数交纳，免致船只到关。（灵皋按：此处疑有阙文）该巡按御史酌议奏夺。"

以金之俊为兵部添设右侍郎。

补原任参政袁楷为川东参政。

太监何志孔疏报收复东山。帝言："东山既复，宜即复承天。着王扬基会左良玉驰剿，安戢民心。所需饷银，即日议奏。"

丁未，南京兵部尚书史可法疏劾大教场都督同知孙尚进骄横，请治。得旨察议。

谕："工部前议开胶莱河以通海运，曾否动支？其户部所发及河工银十万两，曾否支用？着即察奏。昨计臣奏文登开养鱼池，尤为通漕便道，系贺王盛所议，是否可行？即着王盛前去详悉勘明，议奏以闻。"

谕兵部："目今献贼奔突衡、袁一带，势甚披猖。平贼镇左良玉恢省有功，即当乘胜迅扫，何乃濡滞九江，坐失事会？姑念事权不一，粮饷不敷，未能展布，兹特加专阃事权，以便一力恢剿。着一面移镇楚省，仍即统率兵马蹙击，刻期荡平，功成立予通侯之赏。世镇武昌，用昭恩信。王扬基即与会同剿贼，催运粮饷，多方接济，毋误军需。该镇并申明纪律，严饬军丁，务使兵民相安，毋致骚扰，用符朝廷推诚使过至意。"

戊申，都察院疏奏台差乏员。帝言："汪宗友、杨尔铭仍旧管事，徐养心、李挺即补仓、盐二差，都督照常料理，不得贻误，王章准回道管事。"

己酉，加李国祯太子太保，荫一子锦衣卫，实授百户。

谕兵部："裁驿已复，为何驿路反阻？且奉旨驰驿，官竟不应付，听其自行雇觅，成何法体！其前项节裁银两，支销何处？着该部即行察明，严加申饬。"

加升李虞夔左副都御史。

拟升吴家周为大理寺少卿。帝言："家周历俸尚浅，应否遽晋卿贰？"不允。

庚戌，帝谕："荐举将材，除已用外，余着量给路费，以礼起用前来，严加考核，仍将实迹详列。"内言："燕翼以兄荐弟，是否堪用？所司确察。"

升王都太常寺卿。

谕户、工二部、都察院："屡有旨疏通钱法，本欲足国便民。近闻贱滥愈甚，小民翻成苦累，皆由经管官通未遵行。再行申饬：将一切低薄小钱，概禁行使。五使察院仍遵旨收买，勒限十日一奏。其京城内外，所有钱桌、钱市，着厂卫五城衙门严行禁缉，仍将获过数目，一月一奏。至文武各官助铸银两，通着收低钱，交纳该库察收，登事春碎，完日汇奏。"

衍圣公孔胤植捐资助饷，帝嘉其急公。

辛亥，复汪宗明官，仍与纪录。

楚人符一玺等乘贼乱盗毁陵园，令所在律究。

罢工部主事梅之烨官，敕所在提究，以其淫秽不法也。晋吏部右侍郎李建泰、都察院左副都御史方岳贡，俱以原官兼东阁大学士，入阁同首辅陈演等佐理政务。建泰、岳贡疏辞，优诏不允。

帝谕："闻镇远侯顾肇迹赴京，被盗所伤，着太医院堂上官调理以闻。"

壬子，吏部等衙门等官李遇知疏奏："自孙督败绩以来，臣等即以固守关中为要务，故召对之日，恳请皇上急守关门，急复秦疆。奉圣谕以秦督孙传庭充为事官，令守关门，且加白广恩武督，令其鼓锐进剿，秦中可幸无事矣。忽于二十一日晚，惊闻晋抚蔡懋德有潼关失守之报，臣等计无所出，急觅揭帖无从。迨二十三日，又闻秦按金毓峒有密奏二本，已达御前，不知光景若何。但据台臣霍达家人所闻，按臣承差口传云潼关十月初六日失守，抚臣冯师孔战殁，孙传庭不知下落。自初六至初九，贼骑结队西行。又传华阴、华州、渭南、临潼，俱以失守，而渭南杀戮尤惨。临潼去省城六十里，一马可至。抚按俱在潼关，既无恃为守。而数年以来，练兵措饷，俱成乖忤。物力耗竭已尽，人心离散已极，欲望坚壁效死，以待援兵，恐情理之实难，而况无兵之可援乎？为今之计，怨天尤人，总属无济，惟有急复秦督，急补秦将，急发堪战之兵，急措饷接济。四事之外无别策也。请仍以新任兵部右侍郎余应桂为秦督，联络甘、固、延、宁抚镇之兵，收三边健勇土著，相机扼剿。至于巡抚，急需才望优长之人。察新推蜀抚李化熙，见今无入蜀，合无移缓就急，改填秦抚，招来残兵，收拾难民，再图保聚，以收援剿。更望皇上敕部急调晋省堪战之兵，或发禁旅数万，以张挞伐。其一切本折，万望赐发天帑，佐以附近地方，务期师行粮随，多方接济。救焚拯溺，不容一刻缓矣。若倚秦中之兵，则抽调已尽；若恃秦中之饷，则骨髓已枯，万万无济。朝廷之事，徒有束手断送之忧耳！"

谕秦督余应桂："秦事方棘，特简督抚监军，星驰办贼。一面鼓励文武乡绅及士庶人等智者抒谋，勇者效力，富者输财，务期全力扫荡，以速廓清。倘有能捐资助饷、募练土著、固守城池，或相机用间歼渠散党，擒斩首从者，该监察御史立刻报闻，破格酬叙。举贡监生，准与优选，廪生准贡，增附准廪，庶民与文武官带，量力擢用，仍大张榜示，通行速饬。"

谕秦督余应桂等："该督入秦办寇，军前募犒等项，自不可少，前发秦督军前银币花牌，察明应用。御前再发银一万两，银花四百枝，银牌二百面，各色蟒纻二百匹，色绢四百匹，即付该督带领，听行间便宜赏赍，完日奏销。马监仍发壮马一百匹，速给该督及监军御史，用资骑征。应桂等作速驰往，不得稽迟！"

谕吏、兵、刑三部："郝炯、许国定二员情有可原，才堪使过，着赦罪充为事官，随余应桂星驰秦中，听该督调用，剿贼立功自赎。不效，前罪并论。"

谕吏部："原任御史梁士济、邓启隆，闻其廉能，尚堪器使，着以原官起用。"

谕吏部："各部司官，分曹任事，职掌甚烦。近闻阘茸不堪，未经考满，营竞躐转，最为误事。前有旨照旧制久任，仍听堂上官考核咨送，方准升调。何未见遵守？以后着照前旨实行。仍将各司属分别甄核，其各司吏胥严加察饬。如舞文作奸，参治正法。"

癸丑，谕兵部："寇残秦省，三晋戒严，河防视昔倍宜周毖。速檄抚臣蔡懋德，督率道将有司，分信设奇，以防狡突。其鼓励乡兵、措给粮饷、察办炮石火器，一切守御机宜，悉听便宜行。如大小文武官绅士庶倡议愿输兵饷，先行奏闻，以凭优叙。"

帝言："登镇将士，殉节殊多，该抚按何无奏闻？张守箴、马士禄并阵亡官兵，俱详行察恤。邢国玺、卞藩还着详察速奏。"

帝言："郑应虎屡报功绩，敢战阵亡，准与原荫加二级，锦衣卫，实授百户。"

总兵郑芝龙再疏引疾。帝言："芝龙屡经靖边，功劳茂著，充总兵，照旧镇，敕印另行撰给。仍安心供职，以付重任。"

升浙江参政王应华为福建按察司。

补原任金事于铉为赣州兵备。

截俸行取潍县知县周亮工。

复宋应亨原官，赠太仆寺少卿，荫一子入监读书。

谕刑部、都察院、锦衣卫："罪督范志完、赵光抃、薛敏忠，失误封疆，着即会官处决；吴昌时把持朝政，奸狡百端，即便斩决；罪辅吴甡本当重处，姑发云南金齿卫充军终身，拘妻金解，即日起行。"

甲寅，大学士黄景昉疏奏："今天下兵将，惟陕西为能战，而陕西腹中之兵三，不当边兵之一。贼入潼关，不惟资彼形势，恐强兵健卒举而附之，不可伏制。惟有速饬三边总督，由兴县渡河，直趋榆林，提调甘、延、宁三抚，汲汲拊循边兵，鼓励边将，使其齐辑捍剿，然其事未易言也。年来各镇，京民二运，□不解给，兵之渡窘逃亡，居者已不成旅，行者未常得息，谓宜设处十余万金，先付督臣，以为招补犒赏之费。若徒手而往，必无所济。臣过陕西，惟见凤翔、西安二府，今岁稍稔。其庆、平、汉三府（灵皋按：据《皇朝文献通考·舆地考》说陕西在明共领八府，即西安、凤翔、汉中、延安、临洮、巩昌、平凉、庆阳是也。此处之庆、平、汉当系庆阳、平凉、汉中三府，而原文曰"四府"，显系误排，姑易之，待考）荒残已为极矣。盗贼伏多，已费料理，大寇一入，各处伙盗附丽以逞，火光燎原，非只用督臣，便可了当。现在各抚才力平平，而道府各官员缺甚多。固原一道，不补官者几年矣。宜推择能干几人，与督抚协力，于现在将士之外，多方搜罗，收召豪杰，此救秦之先著也。

河北三府，在承平无事时，原甚瘠薄，况凋残之后，事力单虚。今上自藩王，下至抚按，大凡河南无任可履之官，皆驻扎彼所，其供亿之费，固已难矣。而调防之官兵士马，避难之绅矜军民，屯聚骚扰，何以堪之？况如昨者进剿之时，责以输运，自不得喘。百姓嗷嗷之心，不待贼至，而已思离散矣。故急宜选抚按之廉洁干济者，加意绥辑而保障之，然抚按不为河北设也，当思所以渡河而南之计矣。

贼入陕西，则尚在河南者，率多伪设之官，与诡附之土寇耳。若能广布威略，鼓率义勇，佐以官之侦探精确，相机进取，可复则复，可守则守。臣请敕行该抚按，将河南道府州县大小官兵，一一核实：所驻何地？所司何事？随事课功。至于乡绅士民，宜令纠集壮丁，各建恢复故土之策。如有功效，一体叙推。臣闻汴梁新决沙河口，业已成河，归德竟在新河之东矣。则归德、汝宁二府之情形，宜责令该抚察明具奏，先行克复。不然，中原底定，何日之有？伏望皇上召在廷诸臣，问以此议，仍令条画便宜以闻。"得旨确复。

河南巡抚秦所式疏奏闯贼尽入秦关。帝言："贼已尽赴秦关，该抚一面严加防扼，仍相机乘虚恢剿，不得止以派守塞责。"

乙卯，行当五钱，并增炉广铸。

丙辰，悼灵王发引。

吏部尚书李遇知等疏奏："臣等见大寇入秦已后，有'惊闻潼关失守'一疏，业蒙皇上谕旨，推督抚并监军御史星驰办剿，臣等何敢再渎？惟是情形关系最重，战守需用甚迫，有不容默默者。窃念豫、楚、秦，虽均属皇上封疆，均当荡扫，然豫为平川旷野，四面受敌，死贼难以驻脚。襄阳因据上流，然南北通衢，兵马往来，终非安枕之地。惟三秦砺山带水，四塞称险，屯兵函谷，可以号召天下。从来劲兵大将，咸出其中，蜀黔转赋，实以秦为咽喉地，贼垂涎久，欲据此为家。今潼关虽云失守，然沿边四千余里，贼未必悉到。忠臣义士，未必尽降。皇上敕发劲旅万余，战将数员，令督抚统之而西，调度三边将士，收拾溃败余烬。贼闻大兵猝至，胁围可以立解。会城不失，则人心不至惊惶，各郡亦悉力效死，兵马不为贼用。不惟全陕无恙，而若楚若豫，亦可渐次恢复。然吃紧尤在发饷。今司农称外解不至，欲以豫中存贮，外省协济为辞。然豫中兵马，时时待哺，岂有经久不动之理？恳祈皇上急为封疆计，挪发帑金十余万，再敕司农拨晋饷二十万，以资接济，庶饷足则兵足。三秦义士，知皇上不忘秦土，必奋发前驱，同仇歼灭，天下事尤可为也。臣等父母妻子，俱在秦中，情迫势急，语无择音，伏祈赐鉴。"章下户部速复。

　　南京祭酒王廷垣引疾。帝令沿途调治，前来供职。

　　改吕大器南京兵部右侍郎。

　　升浙江按察司任中凤为本省布政司。

起沈自彰为文选司郎中，张法孔为职方司郎中。

帝言："胡器阁、朱在亨，贪婪无厌，岂得仅拟闲住？着革职，并内外人犯，该抚按拟究以闻。"

命王之心掌司礼监印。

丁巳，擢黄家瑞为都察院右佥都御史，督理淮扬盐法军饷。

擢何谦为都察院右佥都御史，巡抚昌平。

擢黄鸣俊为都察院右佥都御史，巡抚浙江。

起用庶吉士金声，趋令来京陛见。

谕兵部："寇患方殷，亟资枢臣料理。张缙彦既破格起擢，自当急公趋命，以付特简，且服已禫除，不得借端推诿。着该部差官星催起程，限年内到任。如再稽迟致误，责有所归。"

差柳寅东巡按顺天，徐养心巡仓，李挺巡盐。

起验封司郎中孙昌龄。

加宁夏粮储道万代尚兵部职方司衔。

戊午，谕户部、工部、都察院："近日既革低钱，行使制钱，自当遵照钦定价值，公平贸易。乃奸徒乘机射利，任意昂价，将制钱与低钱同律，物值愈腾，小民愈苦，殊非疏通钱法初意。即着五城御史大张榜示，平定市价，不许违禁，犯者厂卫五城衙门缉获重惩。"

己未，辽东巡抚黎玉田请恤三城殉难官绅。帝言："三城殉难官绅军民为数甚多，殊可惨痛！作何优恤致祭，以慰忠魂？"

左都督田弘遇卒。

福建地震，巡抚张肯堂以闻，敕所在修省。

李自成陷西安，巡抚冯师孔等死之。巡抚金毓峒疏闻。帝言："韩城县官谨严城守，尤能拒贼，使各州县皆能效义固守，以待援兵，何难制御？冯师孔、黄绚、吴从义、祝万龄，即日从优议恤。其藩王宗室，及文武失事逃避无下落者，着金毓峒确察即奏。收拾三边，已有屡旨。"

庚申，黎山王疏奏陷贼。帝言："遭贼艰苦，深堪轸念，着该抚优加供给。"

召总察协及锦衣卫来会极门。

召内阁陈演等，吏、工二部尚书，并贺王盛来隆道阁。

礼部请定东宫婚礼。帝云："俟稍壮，另旨举行。"

崇祯十六年癸未十二月辛酉朔，赠姚运坚河南按察司佥事，荫一子入监读书，录殉难也。

册封以海为鲁王，并颁发仪仗。

起用兵部主事成德。引疾。不允。

壬戌，吏部荐原任南京操江马鸣世堪任枢边，奉召陛见，疏辞。鸣世，万历四十四年进士，由县令选授御史，洊历抚事，以至巡江。

原任兵部右侍郎王业浩卒，浙江巡抚董象恒以闻，赠太子太保，荫一子中书舍人，赐祭葬。

大真人张应京请假养亲，予假一年，令驰驿去。

赐王明祭葬。

南京太仆寺卿姚思孝疏请养母，不许，趣令到官。

行人姜垓疏奏："臣父殉难甚惨，请代姜埰罪！"不允，令刑部即为问拟。

癸亥，升侯峒曾为顺天府府丞。

补原任吏部郎中孙昌龄为验封司郎中。

以刘名翰等充东京讲官。

原任巡按御史任浚引疾。帝言："寇氛孔亟，任浚以才望特简，着即星驰受事，力办防剿，不得以夙病托陈！"

原任大学士张四知疏奏："臣妻病故，请赐恤典。"下所司察例。

乙丑，宣大巡按杨尔铭疏言："总督孙晋病剧，不宜久误边事。"

召辅臣陈演等，吏、兵二部来中左门。

谕户、工二部："日来收买低钱，用过制钱甚多。但制钱有限，非广行鼓铸，曷资购换？着司监库所买钱铜，并内外各官捐助者，给发泉、渊二局，多设炉座，作速攒造。仍按炉计数，十日一奏。其领运铜觔，该局官面兑交收，不许高下作弊。监督官亲赴库厂熔化，毋致奸胥匿取，违者参治。其铸出制钱，随即运解还原本，余尽充收，务使源源不绝，实收裕国足民之效。"

凤督马士英疏奏渡江击贼，并请军饷。帝言："贼在袁州，该督宜渡江会同平贼镇迎击，速奏肤功。其淮扬、应天各路欠饷，着严催接济。至兵丁量加行盐，及派拨来年剿饷，所司即与议复。"

升赵京仕为左通政。

升蔡鹏霄为太仆寺少卿。

丙寅，帝言："凌超赞画，曾否效有劳绩？所司核明酌夺。"

丁卯，瑞王捐银二千两助饷，鞍马银一千两，请以藩禄支除，帝嘉其急公。

帝言："叶廷秀既经辅臣面举，前疏何不列名？仍着奏明。并其余各官，作何酌用？该部确议以闻。"

升陈肇英为饶州佥事。

帝言："徽藩难宗，准于原留卫辉银内颁恤；其怀庆王宜从优厚，仍即奏明。"

总督仓场白贻清引疾求罢，许之。

令河臣周堪赓将修过河工，绘图以进。

差马登垍巡按青州。

谕慈宁宫大库："着照例启闭，二祭所司知之。"

改赵开心为协赞员外，署职方郎中印。

兵科给事中曾应遴疏请省亲，许之。

戊辰，光禄寺请赐百官腊面，诏免办。

谕吏部："晋中防河甚急，亟需敏干经理。据辅臣奏，郝炯可用，准补河东分守道，充为事官，图功赎罪，俱照旧管地方事务，该部即具本以闻。"

刑部尚书张忻疏奏："周延儒年五十五岁，宜兴县人，由进士历任内阁大学士，蒙圣恩伏起首辅，奉命视师。欺蔽纳贿，滥用匪人，有负委任，致干圣怒。七月二十四日，皇上召锦衣卫面发圣谕，命差官旗，并吴姓一并催促来京候旨。该锦衣卫又于八月初一日请旨：'二辅到京，如何安置？'奉旨：'准寄私寓，该官旗看守。'又据原差官旗史鸣凤等状云：'将周延儒催促来京，于本月二十五晚进东便门内，在崇文门外下头条胡同关帝庙内暂住。二十六日，移在正阳门关帝庙。'臣随令官旗遵旨看守。于十二月初二日奉旨：'着法司议罪，限三日内具奏。'臣即遵旨咨会都察院、大理寺会议。"

都察院左都御史李邦华议得："皇上于罪辅周延儒，召起田间，隆以师保，可称千古奇遇。当其受事之初，将顺圣明，有蠲租、起废、解网、肆赦诸大政，至德光昭，天下称颂太平。延儒自宜永矢精白，仰赞宸谟。乃防简疏于比匪，居身涉于营私。贿赂潜通，节钺暗授。至行间功罪，以门墙而颠倒。封疆多故，谁执其咎？若延儒者，盖大负特达之恩。皇上指其机械，既洞见肺肝，责以欺藐，更凛严斧钺。延儒清夜扪心，生且何颜，死安足赎？但按律定议，罪应下失误封疆一等。恭诵明旨，有曾居首辅，宽其拿办。此在皇上垂念国体，自有圣裁。"

大理寺卿凌义渠议得："旧辅周延儒惟工谋身之私智，罔念体国之公忠。精神惯用之揣摩，伎俩总归于闪烁。一时幸窦杂出，狐假公行，自误以误国，嗟何及矣！即以股肱心膂之近臣，膺特遣视师之重寄。曾一意曲庇私交，不闻出一奇，展一策。止图苟且竣局，究使行间文武，举劾趋承，至壮士为之短气；甚且奏报功罪，尽掩情实，而衮钺几至不灵。当主忧臣辱之时，犹然情面亲昵之是徇，心何忍也！擅用人行政之柄，供其市恩修怨之图，天可欺乎！辜恩已甚，服法奚辞？虽有议贵之条，恐不能为旧辅宽也！"

该臣议得："罪辅周延儒蒙圣恩重起田里，两任首揆，谓宜乘勿欺之心，守无欲之训，忘恩怨以昭用舍，屏私比而定赏罚。斯无愧于股肱，庶仰酬于隆眷。即其初任以来，辅佐圣明，勤敏颇著，未常无裨纶扉。无如性生智巧，原乖诚正之谊；情喜夤缘，因犯比匪之戒。或作威而作福，遂招贿而用权。以致滥用匪人，封疆罔效。至于奉命视师，皇上隆其礼遇事权，谓延儒必力破情面，尽扫欺蒙，严核功罪。乃私交是庇，知桃李而不知封疆；赏罚溷淆，任偏昵而罔凛国宪。敢冒功而饰罪，伏舞械而逞机。凡令庙堂之衮钺无灵，安望封疆之戡定有赖？凛凛天语，责其机械欺藐，不惟臣谊所未有，亦覆载之不容也。延儒受恩独厚，负恩独深，视息尚存，宁无愧死！封疆有法，在延儒罪浮丘山；议贵有条，惟圣恩慈存辅弼。"

会议得："周延儒合依大官受财枉法，有禄入人十贯律，绞。照诓骗听选官员财物例，发烟瘴地面充军终身，拘妻金解。相应题论。请旨。"

帝言："周延儒机械欺蔽，比匿容私，滥用匪人，封疆已误，前屡旨已明，这所拟岂足弊辜？姑念首辅一品大臣，着锦衣卫会同法司官，于寓所敕令自裁，准其棺殓回籍！"

大学士陈演等申救延儒。帝云："览卿等奏，朕心恻然，但延儒罪犯重大，前面谕已明，如滥用匪人，遗误封疆，比昵奸险，营私纳贿，及亲履行间，回朝面讯，应将兵情据实陈奏，庶几收效桑榆。而乃欺蔽机械，较前愈甚。若律以祖宗大法，当在何条！念系首辅，姑从轻处，勒令自裁，已有前旨！"

召抚宁侯朱国弼，户部尚书，兵部侍郎，左都御史，户、兵二科掌印官，吏部文选司，兵部职方司，户部管饷司官，俱来中左门。

谕户、工二部，都察院："凡敕前钱粮，已经在官起解在途者，屡旨该抚按清察，未见奏报。着勒限将未解钱粮，有无批回实收，在官未解，彻底明白具奏。其投批不掣、日久挂欠、沿途延捱、到京侵匿，在内着部厂卫及巡城御史，在外着巡抚巡按稽察责成押解到京。如有奸侵，立行参治。"

谕工部："铸造当五钱，原有定式，必不爱惜工料，始可通行无阻。该部所进与式相合，在外行使者铜低，工有悬绝，着察实以闻。"

己巳，吏部尚书李遇知疏奏："宣督孙晋病误，令回籍调理。"从之。

京营选马步兵一千余人，护秦督余应桂入秦，到官后，仍令归伍。

召宣大总督王继谟来中左门。

魏国公徐允祯引年求罢，优诏许之。

帝谕："袁继咸久改屯抚，迁延未到，法宜重惩，姑念寇入江西，情形孔棘，酌准廷议，就近再任。着仍以兵部右侍郎兼都察院右佥都御史，戴罪总督剿寇事务，此系使过特恩，定难再徼。如玩误不效，前罪并论。"

户部疏请开采。帝言："览卿奏，自属公论。但念国用告诎，民生寡遂，不忍再苦吾民。如以地方自生之财，供地方军需之用，官不特遣，金不解京，五金随地所宜，缓急皆可有济，其视搜括加派孰为便益？倘地方官奉行不善，有借端生扰，如钳断坟间、逼勒包纳等弊，责在督抚，罪自有归。发下《坤舆抚致全书》，着地方官相酌地形，便宜采取，仍据实奏报，不得坐废实利，徒括民脂。汤若望着赴苏督军前，传习采法，并火器水利等项，所司知之。"

谕吏、兵二部："漕镇原兵，今隶淮海道，应撤归本镇。该衙门裁革本官，着另本速奏。"

谕兵部："漕运十三总向来滥推匪人，今后着遴选廉勇将材，不许任人攒营，仍听漕运咨送举劾。其徐州、宿迁官兵见任若干，着归并该镇选练，速奏。"

阁部面举成勇、叶廷秀、金铉、杨时化、夏允彝，请赐擢用。帝言："成勇、叶廷秀，着刑部核夺；金铉、杨时化，酌用；夏允彝，服阕议用。"

庚午，命沈自彰以太常寺少卿管吏部文选司郎中事，张法孔以太仆寺少卿管兵部职方司郎中事。

礼部侍郎杨汝成引疾，不允。

命唐通仍镇西协。

赠卢象升太子少师，荫一子锦衣卫正千户，世袭。

恭顺侯吴惟英卒。帝言："惟英城守著劳，未经酬叙，遽逝，殊堪悯恻！应得恤典，所司察奏。"

山西巡按御史汪宗友疏奏高杰诛叛将任国奇，得旨嘉杰义愤，仍令严束所部，听秦督调度。

东宫讲官简讨方以智请永王讲朝，诏于月之初六、二十一两日举行。

礼部奏请释奠，帝令明年三月择吉举行。

谕吏部："禁旅南征，捷音屡获，内阁辅臣运筹劳绩可嘉。兹特恩示酬，首辅陈演加升太子太保，改吏部尚书，进中极殿大学士，荫一子入监读书，仍赏银五十两，彩缎二表里，照新衔给与诰命。"

谕吏部："祖宗设立道府，事权原重，体统示优。近来已非初制，遇有厌薄不屑为者，又安望其殚精吏治，奠安元元？今后内外兼转，体统从优，其上下相接之体，该部即察照旧制斟酌以闻。"

辛未，刑部遵谕，条上赎罪例：

一，逆案不准赎。人臣之恶，莫大于逆，被此案者，存不齿于生前，殁犹秽于身后。况我皇上钦定之案，谁敢宽贷，以长奸萌？

一，赃多未完者，不准赎。贪官污吏，奸民盗弁，圜土累累，然果肯完赃，则罪自当赎。乃近来诸犯追赃，则抵死不纳，希图恩赦之豁蠲。至赎罪则争先恐后，仍是盗窃之赢余。如赃未完者，罪不与减。

一，封疆失事，法不应赎。但罪在封疆，而至拟遣戍，原非不赦之罪，此项过犯最多，引例不一，应论罪之可原不可原以定罪之可赎不可赎。如职司民社，弃城不守，与卫所同住一城者，律正论遣，此罪在失陷，已经依律末减，不准赎；如督抚道府驻扎之地失守，论遣者，准赎。或竭力保全驻扎，而管辖之地，鞭长不及；或竭力捍御，而弹丸之土，屡经失陷。初不能不为法受过，而时势厄穷，公论所共恤者，应与斟酌量赎。

一，大辟减等至遣者，不应赎。而原犯之科不同，则可赎与否自别。如打死人命，改辟为遣者不准赎，盖一命一抵，法所固应，然朝廷钦恤之仁，每广矜恤之宥，原情改遣，已开一面，若再为概赎，恐生者侥幸，死者含冤。他如讹误杂犯，加等科犯，律例本应论遣者，亦应斟酌量赎。

以上仅约四章，大抵与赎之途宽，则赴者众；不准赎之例严，则幸者寡也。至纳赎银之例，除永远军旧无纳赎例，不敢妄议，烟瘴军十四年例：官犯纳银二千两，民犯八百两；极卫分军，旧无赎例，今议同烟瘴例：官犯纳二千两，民犯八百两；边远卫分军：官犯一千五百两，今加二百两，民犯六百两，今加一百两；边卫军：官犯一千三百两，今加二百两，民犯五百两，今加一百两；其附近军：官犯一千两，今加二百两，民犯四百两，今加一百两。至配赎一款，已结者无论；现在问结者，仅七十一名。其在官吏犯罪，本例原是准赎，惟无禄人有犯者，如各衙门书皂各役，小民窃盗等项，律例止照配，不许改赎，合无今除犯盗刺配不准外，其自愿赎者，加二等，听赎，以待军兴平息，照旧不准。其有子孙为父祖赎者，其开造各照军例减半纳赎；其问配者，各照配例加一倍纳赎，免其遣配之籍。大率赎遣之银多少即微增，其子孙可勉竭而纳赎父母之愆，正圣谕作孝之弘仁也。

帝言："赎罪，除谋逆、强盗、谋杀、故杀、奸杀，其误杀、斗杀、同谋共殴者，姑准暂赎。但贫富须经确定，如问官徇私受贿，即坐赃究治，其侵盗边漕钱粮，完赃准行豁减，仍照旧制。"

帝言："在内赎罪，即于刑部告纳，不许吏胥揩索；在外，抚按察收，先行赴部交纳，不许与他银并解，致滋溷侵。"

谕兵部："畿南山东俵马改折已久，未见遵行。着该司官回奏，承行吏书逮问。"

帝谕："恭淑端慧静怀皇贵妃坟园，造有次第，灵枢发引安葬，钦天监择期以闻。"

帝谕："选人过堂，着秉公遴察。才器堪任边荒者，另签除授，不得听人规避。节钺大僚除吏、礼二部词臣，例不推。其余非曾历边剧著绩者，不推。前旨内外升转，该部并着速行。"

壬申，加赠徐光启太保，荫一子中书舍人。

赠王汉兵部尚书，荫一子锦衣卫百户，世袭。

起原任承天巡抚王扬基，令恢剿图功。

吏部尚书李遇知引请，优诏慰留。

谕刑部："天气严寒，闻狱中病疫颇多，情轻官民各犯，准暂行保候。一面讯审速结，以昭朝廷轸恤至意。未结者，三月初旬收监。"

帝谕："张凤翔赦罪起用，规避负恩，革职，刑部拟罪。卫周胤、韩文铨各降三级，调外用。原举各官，已处分者免议，其余着详察荐语，分别罚处，速奏。近来岩疆各官，动辄托疾思卸，均属规避。以后再蹈，必处不宥。"

癸酉，南京兵部尚书史可法条上留都军政八事：

一，南兵八千有奇，亟宜选练，如臣标下，当练水陆兵一万二千人；操江标下，见有原额及新经归并兵一万二千人，当如数选练；大小教场提督，当各选练八千人；神机营提督，当选火器手四千人；合之得四万四千人。以战以守，皆有所恃。

一，旧例各营把总、哨总、卫总等官皆用世职，挨次轮转。迟则一二十年，速者亦十数年，方能到选，其壮气已消尽矣。况年来运粮苦累，各弁贫者甚多，不以技勇见长，反以斥革为喜。臣今议：将缺半用世职，半用科目行伍，仍酌予廪给，以恤其私。果有才勇过人、练兵著效者，即为特提优擢，庶人心兢奋。

一，旧例补军验军，不由营将，惟本卫所官，或把总、卫总，经报职方司，一面开除，一面顶补。及发之该营，往往投验者精强，到营者老弱，将官不得而知也。至于每年选军一次，则京营科道职方司官之事也。军之奸而求入者，则雇倩精强，求退者又故装老弱。且一年止一次，即清汰者果老弱，而兵饷已多糜矣。臣议照京营例，以选用汰革之故，归之营将，庶责成始专。

一，旧例各兵食粮有一石、八斗、六斗、四斗之别。内八斗、六斗、四斗者，数原无多，其余皆一石，并及六斗者，单身之军也，一石者，有母有妻之军。近日奸胥作弊，母妻有无，谁为分别？不过使用多者得一石，使用少者得六斗耳。不然，而应点之幼军，大半食粮一石也。臣今议于母妻之说不必论，惟将一石之粮，提入练营；六斗之军，改杂差。计六斗之军，不过十分之二，勤操者粮大，听差者粮小，兵制既可不乱，人情亦得其平。

一，旧制各营之兵，皆有杂差，有一营而鼓手蓝旗至几百名者。臣议：于各营外立一差，察旧例必不可废者，照旧差。以后差拨，专在此营，则其余行伍皆整齐矣。

一，各兵钱粮，参差不一，或支粮一石，或

支粮六斗，或支粮七斗、八斗、五斗、三斗，此旧额之不一也。近因仓米一石不足，练勇兵因于一石或斗之外，加给盐米银二钱，二钱又不足，则加之四钱，又不足，则加米五斗，则又或食粮一石，外加米一斗五升，不等；又加盐菜银，或二钱，或四钱。头绪纷繁，不成经制。臣议：将常操军俱定为一石，其壮者为健兵，加盐米银二钱，再壮者，加选锋，加盐米四钱，以此为止。其余则例俱行改正删除。此外，如行粮口粮等项，皆耗米之满斛，一并酌行裁革，盖给全省米，则仓廪渐充，亦权宜裕储之法也。

一，旧例神机营兵，习放内库神器。每逢操日，用数百人，于内库抬出，到营便即送回，一往一返，已半日矣。且各神器皆铜铸，仅可壮观。如谓内库神器，不可不习，岂皇上近发之决胜炮、三眼枪，独非内库之神器乎？臣议：改练近发之器以求实用。其内库铜炮，惟于春秋阅操之日，出请试验。旧制不废，而各军亦免抬送之苦矣。

一，各营管兵官，有折班钱，有虚兵粮，尽不为少，而人人贫不能支。求其故，则衙门太多，奔走太劳，使费太侈。自朔至晦，今日某衙门，明日某衙门，甚至伺候点卯，每一衙门一月一次，以虚文妨实事。又凡遇投公文、请钱粮、验银封，无一不有费。此等陋例，臣与内外诸臣已决意清除。今议：将臣标大小教场、神机营官兵三万二千人，听臣与监臣韩赞周总练；新江二标、新水奇兵等营官兵一万二千余人听操臣总练。各衙门一切差兵，不许奔走衙门，趋奉误事，有不遵者，从重处治。庶各官实尽其职，各兵实尽其力。南都实实有兵，虽寇至亦无患矣。

帝是其言，责令速练，务成锐旅，以固根本。

升左中允马世奇为左谕德，兼翰林院侍讲，掌司经局印信；升左中允韩四维、杨士聪为左谕德，兼翰林院侍讲；升编修徐开禧、林增志、梁兆阳为右中允，兼翰林院编修。

二十九日，行大合礼，遣驸马万炜、伯吴遵周行礼。

命忻城伯赵之龙管理南京守备，兼掌南京都督府事。

礼部疏奏："藩封飘泊，请赐居址供给。"得旨："令江南抚按相度地方栖立，道府按期供给，毋致失所。"

甲戌，山西巡抚蔡官治疏奏防晋事宜，大略谓："收拾人心，为固晋急策。宗藩缙绅，士民之望，必倡输倡逃，为大赏大罚。"帝是其言。又云："城守河防，有能输才效力，倡率急公者，该抚按分别奏报，以凭优叙。奏内赎罪条例，仍着该抚按开列奏夺。"

赠张玮吏部右侍郎，荫一子入监读书。

起升刘令誉兵部添设右侍郎，徐人龙兵部添设左侍郎。

谕兵部："寇氛孔棘，屡报窥河，已饬该督抚镇按道统兵严防，所在毖御。又念固圉保镇，向有专责，捐资共济，岂无同心？乡绅不倡，谁为和者？刘令誉既起佐枢，着暂留彼处，协同料理河防，联络绅衿，鼓舞忠义，用图守御。其在籍官员，不论崇卑罪废，有能急公乐效，计数收贮应付军前，立行奏报，以凭酌量开复擢用。其士民人等多输好义者，但资军需，勿问本折，一并开列奏闻，一体优叙。如有携家倡逃，弃职不守者，即列名奏闻，立置重典。"

谕兵部："闯贼入秦，蜀中要险，倍宜万分毖御。着该督抚镇上紧多方布置，扼险严防，毋致一骑突入。一同鼓励兵将，剿除瑶瑝等贼，刻期成功。刘之渤既经留任，即会同督剿，亲诣行间，纪核功罪。捷闻，一体优叙；不效，并论。其川中额饷，准于正项内权宜动支。限三月内务尽荡平，不得老师糜财，自干重典。"

赞画高缪疏奏双亲尽节。帝言："高名衡全家殉难事情，着照例察恤。"

赠刘源清崇禄大夫，太子少保，赐葬。

丙子，贵州道御史俞志虞疏奏："向者风霾蔽昼，我皇上凛凛于天戒之临，饬诸臣殚志竭力，悉以躬先。今奉先殿复有震雷之警，如何不戒？臣两诵明纶，仰见圣明怵惕靡宁，兼饬文武大小各官，痛加修省。臣考《洪范》及天文诸书，休咎灾祥，皆有事以相感，事之感也，因有象以示戒。迩来寇乱民灾，白骨山堆，汴决兵哗，青磷宵耀，其象为《蛊》；元臣怙宠，营私比匪，督抚贪懦，援贿饰功，其象为《蒙》；派征挽输，民膏日尽，扣抽克减，溪壑徒填，其象为《剥》；借剑埋轮，燃灰附暖，其象为《否》；纠劾乖和，分门别户，其象为《暌》。诸如此类，皆阴阳之搏击不调，故其感也为震雷。然则所以祭告虔修，惟在用人行政间也。臣愿在事诸臣取鉴前车。大臣自省，贵能正本澄源，引不树交，斥不伐异。小臣自省，贵能盟肌誓臆，议者持平，任者肩难。《传》称：'人臣克有常宪，百官修辅以弥天戒。'此之谓也。"帝言："奏内上下交省，语有可采，所司知之。"

怀远侯常延龄疏言："流寇已陷武昌，全楚已去。九江为陪京门户，防扼宜严。请统京兵一万，与督臣协力共筹。"又言："江都县有地名常家沙者，即臣始祖远裔，有族丁数千。请鼓以忠义，练为亲兵。"又请职方郎中尹民兴办寇。疏入，不允。帝嘉其忠愤。

加户部郎中沈廷扬光禄寺少卿，仍管海运。

户部请纳文武官三品以上封诰，令所司核夺。

辛丑，赠张大受骠骑将军，荫一子外卫所镇抚，世袭，恤罗山战功也。

谕兵部："闯贼既已入秦，承天荆襄等处，亟宜乘时收拾。着楚抚何腾蛟，会同承郧各抚，鼓励兵将，犄角出奇。速图恢复，早奏廓清。不得逗延失机，自干重戾。"

戊寅，保定巡抚徐标疏奏："顺德乡宦傅梅生捐资二千金，一切练兵置器，殚力共勷，临难复与城存亡，此节义推为第一。中书孟鲁钵、张凤鸣，亦各捐二百金，既以资急公，又以身殉城，较梅生无愧焉。南乐之郑献诗、郑献书，倾囊资饷，奋袂登埤，至面中数矢而战不歇，兄弟同执，各求代死，有古姜肱兄弟风，其死最惨。吕鹤举执亲之丧，闻难不避，孝而烈矣。以上六人应从优恤，以示殊特。至赵煜、刘应时、李其纪，亦并赐优恤。"章下所司看议。

兵科给事中曾应遴疏言："今日中枢调度，莫急防河，而防河莫要于阅视，即前辅臣魏藻德亦曾以躬自行请，岂非以扼堵机宜为今日急著乎？新枢张缙彦久奉谕旨，马上驰催，应无不叱驭而前。然臣愚以为新枢家于河北之乡，去山后垣蒲之间，不数百里，而顺河如原武、武陟、温县、长垣，皆昔日最冲渡口。为今日计，则宜尽并其力，以据山右矣。倘河北畿保之间，防河之兵，犹可移缓就急，枢臣不妨便宜调度，先发后闻，在此一时矣。"得旨："新枢臣已有屡旨，着星驰到任，开河不必行。"

己卯，考馆副卷进士吴刚思疏言："正额已取二十六人，副卷取一十八人，因格于省份，末录求一体教习。"章下所司酌核以闻。

谕兵部："献贼盘据江楚之间，正宜及时扑扫，以靖地方。着江督会同左良玉，鼓励将卒，犄角进剿，一鼓荡平，毋致蔓延流毒。其黔广总督李若星、沈犹龙，着作速提兵出境，四面夹击，共奏肤功。事平，一体优叙。如观望不前，即以失机论治。"

庚辰，兵部叙剿寇捷功，吕大器加升一级，赏银四十两，纻丝四表里；左良玉晋宫衔一级，原荫一子锦衣卫佥事，加升指挥同知，世荫；吴学礼等十二员，赏赉有差。

辛巳，左都御史李邦华等疏奏：

> 臣前蒙召对，具奏：袁州为江右门户。贼入袁，则江右全省俱坏，则两广咽喉断，而金陵之藩篱撤矣。臣乡地虽极瘠，漕粮百万，乃令溃兵入永，插岭失事。湖西一带，以及省会，风鹤相惊，纷纷逃避，城市一空。不待贼至，已成乱形。守土各官，料理无策，一可忧也。抚臣郭都贤初从省而镇袁，继由袁而返省，今又入袁。往来奔波，总以兵寡势危，苦无复之，二可忧也。袁固急矣，而吉之永新，与长沙之茶、攸，孔道相通，溃兵杀掠，

贼势必从此冲出，则祸又先中吉安。无兵无将，三可忧也。据南参赞史可法移臣书云："江省自去袁继咸，全局皆误！"盖知吕左既有两虎相斗之形，安望其有拔剑投袂之勇？今左镇虽有兵三千抵吉，而督率无人，大器又已改推，谁司弹压？谁司调度？四可忧也。况救臣乡，所以救两淮也，救闽粤滇黔也。今左镇奉谕趋武昌矣，宜敕留兵一万，以四千守袁，三千守吉，三千协守省城。吕大器既已别用，望允在廷诸臣所推江督袁继咸，联络左良玉，戮力同心，以资挞伐。责郡县同心守城，推保甲，练乡勇。绅衿能率众倡义，须假以便宜开复；能捐资急公，随与录用。他如应皖浙闽两广各抚镇，俱宜整搠健兵，会师江境，以壮声援，而两广尤宜先发。至一切京边漕南钱粮未征者，务且停止，以安穷黎之心；已征者，悉听挪用，以应军需。监司守令，尤资保障，近闻有托故弛担者。若其庸碌，则宜更□。地既无险，民又最贫，加以扰攘轻去其乡，更值奇荒之后，借一逃以避漕粮之追呼，练剿之□□。并此用兵方棘，饷出无从，五可忧也。

是故以民心则不足恃，以兵饷则不足恃，以险隘则不足恃，以地方官又不足恃。当五大可忧，而加之四不足恃，此日江以西尚忍言哉！然贼之奔突恐不止臣乡。必且一军走广信而躏金衢，则两浙动；一军麋饶州而鳞徽宁，则留都震；又以舟师由彭蠡而趋安、池，则九江虽有重兵，反处其后，沿江一带，苏松淮海，俱未得高枕而卧也。闽粤且不复论也，故论天下大势，北则当急救秦，非救秦也，救蜀也，救晋胁畿辅也；南则当急救吾乡，非救臣乡也，救直浙也。推诿之人，则宜速问；烦剧之缺，即宜速补。毋拘资格，毋缓时日，庶几横溃危疆，犹可保全万一也。

帝是其言，下所司速复。

壬午，原任济南知府苟好善殉难，其子鹤龄疏请赠恤，下所司察奏。

济宁火灾，河道总督黄希宪以闻，敕所司修省。

癸未，升南京通政司施邦曜为都察院右副都御史。疏辞，不允。

以郝晋为刑部左侍郎。

给李明睿冠带陛见。

帝谕："昨览徐准所进十五本，多有可取。其未尽机宜，着戎政诸臣会同兵部，详悉密闻。"

忻城伯赵之龙疏辞新命。帝言："留都根本重地，守御需才，特兹简畀。卿宜殚心料理，益展忠猷，不允所辞。其十六字之圣谕，卿宜即恪遵力行，以振饬弛玩。"

差贺登选巡按应天。

改□□南京大理寺少卿。

甲申。兵科给事中吴甘来疏谏开矿。不听。

礼部疏奏新撰乐词及更定乐章。令进览。

乙酉。工料给事中李青疏奏：

臣闻古哲王之御宇也，惟凛凛于人言一端，观阴阳以别善恶而已。凡言之易与众质者，即有风闻之失，不害其为阳；凡言之难与众晓者，纵称独见之明，终成其为阴。观乎此，则君子小人，判若指掌矣。往者词臣于进鲁具奏入告，欲我皇上破格留中，以图中伤善类，自盖奸欺。蒙我圣明，洞察肺肝，照常票发，故魍魉无所匿矣。

乃迩者已故南道御史孙凤毛曾纠廖国遴、杨枝起，独用密封。夫以国遴等身列言路，屡挂弹文，疮痍攒体，是必有以自取者，其为凤毛疏纠何疑？然天下因有前快心之举，而知风之士，早已虑其流弊而丛奸。诚以顺用之，固为正人锄奸之捷著，而逆用之，即为奸人噬正之巧算。则密封一事，是不可不深思而预防也。

臣谓自今而后，除行间密封，一概禁止。"所言公，公言之；所言私，王者无私。"愿皇上提此二语，为中外规。而凡我臣民，亦宜涤心剖肝，各以忠告为明告，慎毋谓国遴等既处，为遂为凤毛之密封，可踵行无弊也。

帝是其言："事关兵机，间用密奏，原属权宜。其余章疏，当明白入告，不得辄用密封。所司严饬。"

补原任参议李嘉祯为广西参议。

升杨观光詹事府少詹事。

加升许志才太常寺少卿，照旧办事。

原任山东佥事朱廷椒殉难，其子朱鼎请恤，下所司察恤。

兵部叙城守功，授王允整都督，齐廷行都督指挥佥事，土茂德都指挥佥事，□□客文辉、王道新，各荫锦衣卫，实授百户。

丙戌，原任兵部尚书张国维被逮，吴民王永宁等叩阍，称："国维昔日抚吴，功德在民，乞赐全活。"

吏科给事中左懋第疏言：

臣自离南京，由长江逆流而上，行次采石矶，一察采石、龙举两营兵士，外虽可观，而按实点验，非可战守之兵也。副将陈学贵言有余而实不足，察其料理已经三年，亦非御侮之才矣。自此以上，见沿江防守，则游兵营之兵，及各州县之弓兵。游兵营之兵，即旧属操江所辖，而弓兵则巡简领之营兵。每十数里间，有一小船，每船多则十二名，少则七八名，放铳鸣锣而已。每二三十里，有弓兵五六人不等。然此犹知臣至而来也，若无人察点，则江干寂寂耳。江防之疏，一至于此！寇据上流，无论贼船数千，即以数百顺流东下，岂零星之兵所能御乎？

臣察祖制设文武操江，而其衔皆提督，兼管巡江之兵八千八百。文操江之兵，月给银九钱，尚不抵米一石，而武操江之兵，月粮一石外，有加盐菜二钱四分者，又加米五斗，及一斗五升者。文操江之兵少而饷薄，武操江之兵多而饷厚也。是武操江之设，乃所以济文也。操臣刘孔昭至南京，臣先晤之，见其实心以练兵为务，曾言："操江职掌，其分地也长，其操权也重。昔以两臣营之不足者，顷顾以一身肩之乎？"臣初未信其然。及巡长江数百里，而知其信然矣。自镇江篱山上下，直至九江，长江一千三百里。一人巡之，不如两人分巡，甚明也。若一人以巡江为务，何日为住营练兵之期？若以练兵为事，又何日为巡江之期也？臣愚莫若仍复文操江，亟推知兵者领之。而目今寇势猖大，我之水师，尚未有成。臣愚非盛陈水师，不可以御大寇。

臣前疏请练水师二万之议，未必即能举行，请先得战船三百只，分为三师。如寇果有东下之势，一师驻池州，则安庆有声援；以一师驻芜湖、梁山之间，则采石有犄角；仍留一师驻江口左右，则陵京有声势。而三师则武操江挑善战水兵，以现在之船，加至二百只为一师。速催一知兵南枢，加以副都御史，挑兵部善战水师，以水兵营现在之船，加二百只为一师。若无事，则文操江分年总巡上下江，而兵部侍郎、协理尚书与一支操练水师于江口。若上流有警，则兵部侍郎率一师出防，而二操江之师分月轮留防守。上江南京口旧有四百船堪战之水师，而操江亦一年内各有半年练兵之暇也。如目前有警，即备用现在之船，不必更待船齐矣。不外设一官，外增一兵，而成三师。同舟共济，相资为用，计莫便于此也。

得旨："察核留都兵马船只，缺额不堪，向来何无料理？着南兵、工二部察奏。"

帝言："枢贰原备总督之选。方孔炤、王公弼是否胜任？着确核奏夺。其已荐举起废各官，应更正者，许自行更正，免其处分，不许朦徇，遗误封疆，自干追究！"

己丑，祭太岁之神。

卷　二

崇祯十七年甲申正月庚寅朔，帝御皇极殿，受群臣朝贺，免命妇朝。

大风霾。

癸巳，汉阳县知县王风仁疏奏绸缪八事："一请札付以鼓豪杰，一严保甲以练乡兵，一宽文网以裕展抒，一悬购赏以倡勇敢，一重事权以伸法令，一劝忠义以养战士，一戢暴掠以安灾黎，一清蠲恤以收人心。"章下所司。

升通判王世瑛为兖西道。

擢方震孺为都察院右佥都御史，巡抚广西。

帝言："秦疆方急，余应桂、李化熙即宜闻命星驰，何得迁延致误？着兵部再行勒催，仍着山西抚按确察具奏。"

命方孔炤仍以都察院右佥都御史降一级，戴罪总理河北、山东屯务。孔炤，桐城人。万历四十四年进士，由四川嘉定知州，调福建福宁知州。天启二年，升职方司员外。四年，升武选司郎中，调职[方司。五年，升江西赣州兵备。崇祯十二年正月，为楚兵大挫，革职逮问，遣戍。十五年，举边才，准复冠带。十六年三月，到京陛见，吏部推兵部添设左侍郎，未用。至是乃有是命。

升张有誉南京户部右侍郎兼都察院右佥都御史，总督南京粮储。

甲午，钱法侍郎王鳌永疏奏钱法。帝言："当五钱久已奉旨，如何尚未鼓铸？监督官着罚处。据称工部炉仅十座，冶铸曷资？着即传各局刊造母钱进览。一面多购炉座，雇募匠役，精工铸造，不得再延取咎！"

帝谕："《会典》钞法六等，旧式现存在库，该司察照印造。其四年界限，如尚有精好不愿换者，听从民便。"

命于永绶以原官降二级，免戴罪，补南京神机营提督，责令随带亲丁马匹，星速受事。

命户部尚书倪元璐以原官专供讲职。

召兵部尚书张缙彦、翰林官李明睿来中左门。

赠原任保定监军任栋光禄寺卿，荫一子入监读书。

帝谕："池州咽喉重地，自宜宿兵扼防。据皖抚增兵一万名，岁饷二十余万，曾否实练？应否分扼池疆？会计臣酌妥以闻。"

补何瑞徵等为东宫讲读官。

丙申，大学士陈演等疏言："昨蒙召对，臣等谬以积储本色、目前根本之说进，蒙皇上谕旨，臣等于今晨集部院诸臣，谕以忧国奉公、先事预防之旨，诸臣莫不乐输趋事。臣等谊不敢后，共捐籴本银二千五百两，买米贮仓，为诸臣急公之倡。除立簿二扇，一传成国公臣朱纯臣，一传吏部等衙门李遇知等，汇齐所捐数目，恭进御览。"帝以急公嘉之。

礼科都给事中沈胤培疏奏："臣承命同驸马齐赞元宣慰惠藩。窃思祖宗翦桐裂土，棋置星罗，固冀以联属人心，纲维重地。乃闻警辄逃，如楚中诸藩，无不先去为民望者。皇上兴怀水木，同念流离，虽属行苇至德，而律以社稷之守，福忠王独非亲藩乎？则统布皇仁之后，仍宜示以大义所归，俾诸藩不得视一惠藩为例，而谓祖制遂可隳也。惠藩亲为皇叔，国系初封。始则踉跄衡岳之间，今复播越粤西之境。皇上轸其播迁，必恤其困乏。如福藩、周藩，皆有大赉，则钦定锡予之数，俾彼处抚按察取，度不劳而事集，所当特请而明论者也。惠藩固非诸藩可比，而桂藩谊同一体。衡郡既失，桂藩亦不知旅寓何所，闻同在粤西，皇上何以同仁一视？乞敕部妥议。而其余诸藩，如楚、如吉、如岷，并敕抚按商其居处，助其供结，便足以慰敦睦之极思。而近者衡藩倡逃之郡爵必惩，则众志成而巩藩封，即以奠金汤矣。至臣等将命，大江兵阻，必取道江浙，以达两粤，则道路不得不纡，限期不得不展，敢附及之。"帝言："藩封播迁，深轸朕怀，赐予居处各事宜，所司确议。其倡逃议罚，已有前旨。"

宣大总督王继谟疏劾总兵唐钰贪淫诸劣状，革职勘议。转浙江副使马鸣骙为淮扬兵备。

命吏部左侍郎雷跃龙、礼部右侍郎张维机教习庶吉士。

丁酉，南京户部尚书张慎言疏奏留储四弊："一曰虚报之弊，一曰盗卖之弊，一曰需索之弊，一曰挂欠之弊。"章下所司严饬。

吏部拟升吏科都给事中吴麟徵为京堂。帝言："内外兼转，前谕已明。吴麟徵未历监司，应否遽升京堂？着再推通列以进。"麟徵遂出揭吏部云："监司内外兼转，圣谕屡饬，职因病旷误，屡经自劾求斥，岂堪冒滥京堂，致烦明旨推驳？迩者司府缺多，职资俸在前，首当移选，况奉未历监司应否遽升京堂之旨，是宜外不宜内明矣。若瞻顾因循，在明旨为不信，于贵部为故违，而圣谕所云厌薄不屑为者，职又何以自解！"

召抚宁侯朱国弼、忻城伯赵之龙来中左门。

戊戌，补卢大勋为山西参议。

帝谕："闻辽民任姓者有一疏，为鼓连义勇奋力之事，着通政司即日封进。"

己亥，大学士陈演疏奏："大驾祈谷，民间有拆卸棚舍之扰，请于禁内设位致祭。"从之。

命王之仁仍以原官充总兵官，镇守浙江；周仕凤升署都督佥事充总兵官，镇守广东。

召吴襄陛见。

庚子，兵科都给事中曾应遴疏奏："臣乡江右，自桥头失守，贼从永破吉；插岭兵变，而贼破萍乡。江户不堪，信地失守。在事文武，可竟置不闻乎？相应敕下按臣确察，不得详于小而略于大也。夫督镇不协，臣早已密言之，谓：吕大器性稍褊急，使其驾驭左师，必不能得其力而责成功。要在能用良玉之人，使部下乐为其用，请敕催袁继咸兼程回任，调度良玉。

江省居闽浙楚之中，昔号腹内，故未设镇，人不知兵。而处州为闽粤咽喉，臣前疏请增虔兵三千，取之地方矣，而未及设将。副将郑鸿逵英才壮略，纪律严明。以之镇虔，人与地得。盖芝龙与鸿逵为胞兄弟，倘有缓急，彼此救援，不烦檄调。若永新之棘树，与萍乡之插岭，扼险设防，得劲旅一枝守之，便易为力。此当责之吉、袁二府，自为绸缪。要在永、萍二邑得精明历练之甲科，收拾人心，毋听人规避可也。

江督抚按诸臣，塘报无闻，传言不一。有云：益藩走闽中，建昌溃于十一月初二日。又云：抚州、南丰同日陷于初七日，贼竟往广信。有言：赣郡失守。而虔抚之报沓然莫必。臣实有母，抑独何心，而能忍痛视事耶？总之地方失事，苦于讳贼不报，即报亦仅事铺张。侦探且疏，又安望其与贼对垒决生死乎？行间诸臣，真同醉梦。事出危急，伏乞下部核议，地方幸甚。"

疏入，帝言："袁继咸已有旨。江右缺官，着于候选进士内遴补，不拘名数，缺尽而止。吉安失陷，何以奏报杳然？该部速行察饬。虔镇设将，即日确议以闻。"

帝言："刘承胤杀贼建功，加升都督佥事，节镇武冈，兼管黎靖，仍荫一子锦衣卫试百户，世袭，赏银三十两，纻丝二表里。"又言："尹先民候察明另议。"

辛丑，祈谷，遣成国公朱纯臣行礼。

帝谕："祈谷礼虽已遣官恭代，朕在内大光明殿，仍行遥祭礼。应用祝文，撰拟进览。"

户部尚书倪元璐求罢，优诏留之。

册封鲁王。命怀远侯常延龄为正使，张希夏为副使。

赠赵兴基河南按察司佥事，荫一子入监读书。

癸卯，升王庭梅顺天府府尹。

礼部侍郎丘瑜引疾，不允。

河南道御史祁彪佳疏请休致，不允。

赐刘梦桂祭一坛，减半造葬。

南京吏科给事中李沾疏劾袁、吉失事各官。帝言："袁、吉失事各官，该抚按察明解究。郡县残破，自当免征。其余酌量蠲缓，不得概望停折。"

封王氏为德王次妃。

甲辰，差刑科给事中光时亨巡视京营。

保定地震，巡抚徐标疏闻。帝言："地震示儆，自当省惕。徐标练兵固围，察吏安民，实图弭患二疏，即行察复。"

乙巳，推协理京营戎政王家彦为户部尚书。帝令再行确推，令何楷来京陛见。

户部侍郎王正志引罪求罢，不许。

吏部郎中刘廷谏回奏。帝责其游移，下所司议处。

发熊开元附近充军终身，拘妻金解。

尚宝司卿程正揆求斥，帝令静候察议。

丙午，兵科都给事中曾应遴疏奏：

臣惟天下大势，非贼之强且众也，乃民之喜于从贼倡逃，而地方无人居守也。臣闻有国家者，不患寡而患不均，不患贫而患不安。今天下不安甚矣，察其故，原于不均耳。何以言之？今之绅富，率皆衣租食税，安坐而吸百姓之髓，平日操奇赢以役愚民，而独拥其利。有事欲与绅富出气力，同休戚，得乎？故富者极其富，而每至于剥民；贫者极其贫，而甚至于不能聊生。以相极之数，成相恶之刑，不均之甚也。

即如秦藩富甲天下，贼破西安，府库充牣，不下千百万，悉以资贼。使用以犒士，则百二河山，安如磐石矣。又闻莱阳之破，东门守城乡绅张宏德当解严之后，尽追乡民犒赏，痛笞而窘迫之。一家发难，合邑罹殃。及兵再至，勒令宏德自指其处，立发其藏，得百万金，然后骈首就戮。嗟乎！使其推百分之一，以赈穷而飨士，岂至此哉？愚者覆辙，智者师焉。则今之藩国，何必尽若秦藩？今之绅富，何必尽效莱绅？臣敢请皇上下臣此疏，刊布中外。凡省郡州邑中，各有绅富。乡绅例得捐十分之二，富民例得捐十分之一。捐其二，正以守其八；捐其一，正以守其九。利在绅富，而百姓归如流水矣。

然后强者各籍乡勇，察照绅富岁入地亩，照例捐租，名为均田。官籍其数上闻，而岁征其籽粒，以犒乡勇，而赈贫乏，则人心既固，他变不生。百姓无失所之忧，绅富有干止之乐。然后于绅富中推其平日有功德于民者为之长，有司但为稽其出入，平其赏罚。均田止供地方，永不许抚按借题檄取；乡勇止守本地，永不许抚按别生调发。臣目击臣乡危在旦夕，臣实为母请假，原可无言。但区区之愚，敢以此为天下绅富之劝。

永康侯徐允贞疏荐清平伯吴遵周、京营副将唐钰、工部主事梅之烨。章下所司知之。

凉洮鼠妖，茶马御史徐殿臣以闻。

湖广巡按御史王扬基疏奏献贼去岳。帝言："贼去岳州，是否官兵恢复？目今逆献盘踞何所？着抚镇会同左镇励兵荡剿，一面恢复荆襄承德，速奏肤功。据称澧贼久欲归降，正宜多方招抚，权为我用，无失事机。"

大学士李建泰督师启行，帝嘉其忠愤。建泰请以卫祯固、凌骃、郭忠杰随征。敕所司即为题用。

谕兵部："近闻山东土寇出没不常，外解梗阻，该抚镇何全无奏闻？着即督发官兵扫荡，以通饷道。其天津、总河、总漕各督抚，凡遇地方寇贼生发，着督发兵将，作速廓清道路，水陆俱通，不得因循贻误。"

谕兵部："近日寇患地方，人心不固，闻警逃避，法纪荡然。亟宜立行赏罚，用示劝惩。如山西保德州固守有功，官绅人等，已有旨破格叙擢。其该省有倡逃者，不论宗室官绅，着该抚按立行参治。"

谕兵部："逆寇犯晋，畿南震邻紫马龙固等关，亟宜愍备，着驰檄保抚镇道诸臣，整搠兵马，分信扼防，修设险堑，盘诘奸细，务以一贼不入为功。仍严饬郡邑有司，料理城守，鼓励乡勇，固结人心。如乡绅士民，有倡义急公，忠愤誓守者，即时奏闻，以凭纪录叙用。如有传讹惑众，弃城倡逃之人，立行逮究，将财产没官充饷，不得徇纵。"

命王承胤仍以原官署右都督充总兵官，镇守宣府。

丁未，帝言："秦督已至河干，即统率高杰等兵，相度往援，以巩岩镇。宣督着星驰防河，不得迁延贻误。"

升寇可教为河北屯田参议。

起王源昌为江西按察使。

升严绳光为袁吉金事。

复御史卫祯固官，授进士凌骊职方司主事，随辅臣李建泰监军，实授郭中杰副总兵，为督师中军旗鼓。

戊申，调吏部主事王显为文选司主事。

左中允韩四维疏请积谷，帝纳其言。

增南赣兵二千，令郑鸿逵以副总兵职衔选练，以资援剿。

己酉，南京太仆寺丞姚思孝疏请养父，许之。

南兵部尚书史可法疏奏："臣初任西安推官，正值前督师洪承畴为监司，辅臣吴甡为巡按。二臣清方正直，精敏忠勤，今承畴死矣，独吴甡在耳。甡镇秦抚晋，素有重名。前奉命督师，迁延时日，责以规避何辞，但甡于拜命之时，即将布置情形，移书于臣与凤督应皖诸抚臣，不一而足。又虑镇臣左良玉之不为用也，即委良玉差官张慎远持檄慰勉之。身虽依于阙下，心已遍于行间。此皆一一可察，非臣敢为饰说也。至于虑将帅之跋扈，而力请多兵，亦非得已。若辅臣视师，兵力不厚，呼调不前，岂不损军威而辱国体？此皆一一可察，非臣敢为饰说也。臣于六月间晤牲于淮，云'君恩未报'，相对唏嘘。一闻钦使来催，扶病即往。盖生平清望，既为海内所推，而忧国热肠，亦其居恒自矢。一时偶误，其罪可原。皇上曾赦前枢傅宗龙、督臣孙传庭。此再赦牲，将来不为宗龙之忠烈，则为传庭之慷慨，臣敢以身保之。又如枢臣张国维，清谨有余，担当不足。封疆失事，罪固难宽。而前任总河，劳殊可念，且其母年已望八矣，是亦圣慈所恻然者。"疏入不允。

总兵高杰疏奏流寇渡晋。帝言："据奏，各郡邑失守情形，殊可痛恨！该抚按向来惉饰何在？殊为溺职！着遵旨严禁倡逃，励众固守。高杰兵既称精锐，即当听该督贾勇破贼，力遏狂狡，何待大兵四集？家属准随便安插，不得迁延。命刘肇基以署都督佥事、南京右军都督府佥书提督大教场。"

帝命周遇吉率兵二万驰扼防河，仍命高杰领所部协力堵击，其大同及阳标兵听宣督调发。

命原任操江高倬来京候用。

献贼陷太湖，凤督马士英以闻。疏防各官，敕巡按御史察议。

通政司孟兆祥疏言民本器杂宜禁。帝不许，仍令封进。

帝谕："《大明集礼》中遣将授节钺告庙礼仪，着辅臣等看议妥确以闻。”

帝谕："遣将告庙礼，于本月二十六日寅时。遣驸马都尉万玮恭代，于太庙授节剑礼。"

帝谕："二十六日卯时，行遣将礼毕，朕御正阳门楼，宴饯督辅李建泰，并召五府内阁京营六部都察院掌印官侍坐，鸿胪赞礼，御史纠仪，大汉将军侍卫，应用法驾、宴席、作乐，内外衙门预行整理。其护卫、随从、把守、巡缉、官军、旗番，着厂卫京勇城捕等衙门酌拨。民棚接檐，俱暂免拆卸，不许官役滋扰。"

兵部尚书张缙彦请随辅臣出师。帝言："平寇重任，特简辅臣专征，卿职任中枢，还着详筹制胜，不必请行。"

帝令王继谟、许定国再催援兵，星赴辅臣军前进剿。

降天津巡抚冯元飏一级。

命李化熙三边总督。

命郭景昌巡抚山西。

辛亥，谕户部："边饷告急，外解不前。督饷臣既撤，即着盐臣王家瑞管理，驰檄各省直督催解京，不得贻误。"

监军御史霍达疏奏秦中死事诸臣。帝言："冯师孔等抗节捐躯，忠义可尚，已有旨优恤。本内殉难县令，该部即日议复。朱新堞妻妾确察姓名另恤。其王定及闲废镇将王世钦等，着察明速奏。"

甲寅，兵部主事成德疏奏："年来中外多故，节义孤悬，爵禄迷心，廉耻道尽。其病在人人欲做好官。于是一兆于燕齐之妇女，敷粉涂朱以媚敌；再兆于秦楚之冠绅，厚颜卑躬以从贼。噫嘻甚矣！推厥源流，皆此欲为好官之一念作庋尔！其忠宁该自将（灵皋按：疑有脱误，待考），矢死靡他，固亦多有风闻。在北则有旧太常鹿善继，在西则有旧太守祝万龄。皇上御极十七年于兹，食君之食、乐君之乐者，不乏人矣，何仗节死义之虚无几人也？其弊可以思矣！宋臣张栻有言：'仗节死义之人，当于犯颜敢谏中求之。'夫犯颜敢谏，亦复何难？在朝廷之上，实有以养之而已。今诸臣咸列右班，或伏居林下，烦皇上敕下该部，举其贤者进之，不肖者退之，而诸臣自知自审，自认自供，有进者任之，不能者让之，一二言而决耳。善弃其须养者，则可以消匪材干进之心；善留其不须养者，则可以援真才向用之志。表厥宅里，所以伸忠臣孝子于恒生；殊厥井疆，所以诛贼子乱臣于未死。挈领提归，道无逾此，舍是不为，混混同流，廉耻尽败。死敌者无功，媚敌者且无罪。死贼者褒扬不亟，则从贼者恬而不知畏也。天下尚谓有纪纲哉？臣以母老身病，近三疏乞休，不因告敢忘朝。"

"马及卫所额军若干？应否另行增募？并应征本折钱

粮，守御事宜，着即酌议速奏。"（灵皋按：末数语疑系帝旨。）

丙辰，刑科给事中郭充请敕南枢臣史可法确察功罪，并察朱大典冒荫锦衣一案。得旨察奏。

正月十一日，献贼陷袁州，副将吴学礼等奋击，斩首二千四百余级，巡抚郭景昌以闻。总督吕大器、总兵官左良玉等，请叙。

差王章巡视京营。

太仆寺寺丞贺王盛疏奏胶莱海运，并绘图以进。帝言："贺王盛着即踏勘成山一带海运形势事宜详确速奏，图留览。"

大学士李建泰疏奏驰往太原。帝遣金毓峒监军赴晋，事竣考察，方准回道；王俞院输饷，从优升叙；汤若望着随行。

大学士李建泰疏请河东道李政修随征，许之。

升广东副使邢大中为岭南参议。

升张国士为山东海右副使。

差户科给事中介松年入晋督饷。

丁巳，流寇渡河，平阳府官民开门悉遁。

云南道御史卫祯固疏奏："窃惟流寇之入关也，臣妄疑之说，谓搜罗废将连络三边，为上策；恢复潼关，收拾河南，为中策；分信守河，静以观变，为下策。然使下策得行，亦可免畿辅震惊，而今无望矣！为目前计，正月据行山一战，以几幸万一。过此则千里坦途，众寡不敌，是河山大势，寇与我共之。实无论战不成战，守亦不成守也。察河南自陈永福败后，归土镇者，尚有三千人下营，约得二千人，可据行山，扼险以当泽潞之冲；畿南正胜、奇胜两营，计数得万人，可据行山，扼险以当固关之冲；而荆襄、涉武两处，犹有间道可通。应抚辑高杰，以资一臂。不然，惟急调刘泽清兵，分信扼险，而各兵应得之饷，即问之各抚，不得推诿。军声少震，则守气自固。若战守不清，而止言分兵战守，实示一弱。风鹤之人心，已不可收拾，安能取贪生之人而尽杀之也！又计抚臣徐标实心任事，可当北一面。豫抚任浚受事，或期严旨立催，或别推代任，皆势不容姑待者。边臣又有言辅臣视师，是代我皇上行者也。举动系国家安危，则事事须费详酌。坐身南下，不虑流寇窥我虚实乎？若一兵一饷，专倚本地，何以明居重□轻乎？此皆当事者应呕心以筹实兵实饷，勿曰：推毂有重臣，便可袖手。夫辅臣何足恃，国事何可诿？此又臣所鳃鳃过虑者也！"

调侯伟时为考功司主事。

升薛国柱为河南佥事。

升郭明兴为西宁兵备佥事。

戊午，编修卫胤文捐资三千两助饷，帝嘉其好义。

诏免应天等府十二年以前民欠罪赎，从巡按御史郑昆贞请也。

升李明睿右春坊右庶子，管左春坊印，升卫胤文、罗大任、左春坊左谕德。

东宫开讲，定二月初十日；定王开讲，定十三日；永王开讲，定十六日。

山西巡按御史汪惟效疏论巡抚蔡懋德怯懦，遗误封疆。帝责其苛论。

崇祯十七年甲申二月辛酉朔，李自成陷汾州。

赠王思擢镇国将军，荫一子外卫试百户，世袭。

丁卯，召五府、六部、总督京营、新旧阁臣、都通大掌印官来中左门。

李自成陷太原，巡抚蔡懋德死之。

兵部尚书张缙彦疏报山西贼势。帝言："贼破太汾，潞安继陷，毫无拒堵，地方官所司何事？调兵恢剿，已有屡旨，藩王下落，贼苗向往，一切情形，着该按确察以闻。"

吏部尚书李遇知乞休，不允。

升郝晋刑部左侍郎，孟兆祥刑部右侍郎。

召阁臣陈演等，户、兵二部，户、兵一科掌印官来中左门。帝令李化熙鼓率高杰兵马，遄驰晋疆，听督抚调度剿贼。

戊辰，叙陈郡死事诸臣，关永杰赠光禄寺卿，侯君擢赠河南布政司右参议，各荫一子入监读书，李梦辰、张维世、崔秘之各复原官，张质赠河南按察司金事，王寿爵赠顺天府宛平县知县。

赠李贞佐河南按察司金事，荫一子入监读书。

兵科给事中韩如愈疏奏防晋机宜。帝言："调兵赴晋及防护北河，皆制寇要著，其擒伪官兵，定人心，尤为吃紧。该部着遵屡旨申饬。"

赠亢孟桧太仆寺卿，荫一子入监读书。

赠陈三接、常惺山东按察司金事，仍各荫一子入监读书。

以范景文、丘瑜为经筵讲官。

御书敕督师李建泰："朕仰承天命，继祖宏图。自戊辰至今甲申，十有七年，未能修德尊贤，化行海宇。以致兵灾连岁，民罹兵戈，流毒直省。朝廷不得已用兵剿除，本为安民。今卿代朕观征，鼓锐忠勇，表扬节义，奖励廉能，选拔豪杰。其骄怯逗玩之将，贪酷倡逃之吏，妖言惑众之人，违误军粮之辈，情真罪当，以尚方从事。行间一切调度赏罚，俱不中制。卿宜临时而决，好谋而成。剿则真剿，奸渠宥胁，一人勿得妄杀；抚则真抚，投戈放遣为民，从此安生。以卿忠猷壮略，品望素隆，办此裕如。特兹简任，告庙授节，正阳亲饯。愿卿早荡妖氛，旋师奏捷，晋爵鼎彝铭钟；内外各官，从优叙用。朕乃亲迎宴赏，共享太平。须将代朕亲征，安民靖乱至意，通行示谕，咸使闻知！"

己巳，上海县举人何刚疏言："臣见时事维艰，率进狂瞽，犹以前疏未尽，请毕其说。臣窃惟创业与守成异：创业法令简，文武各效，求非常之才信任之，草昧开造之略也；守成法令烦，文武牵制，用绳墨之士，恪守无弊，太平休息之理也。圣祖削平海内，与臣下昆弟，故所至有功，群雄殄灭。治平既奏，奇才异能俱无所用，于是历监前代之弊，约法加严，规条愈密。设制科，限资格，皆所以弥乱，而非所以戡乱也。迨继之承平，凡三百年。人心积弛，法度尽弊。糜饷则有兵，临敌则无兵；克剥士卒则有将，约束制胜则无将；发清华显要则有人，推督抚枢部则无人。何时止戈息民，纾皇上之旰食乎？夫欲收实才，务绝侥幸富贵之路；欲图实效，在裕岁月简练之功。国家爵禄所悬，士争趋之。今日救生民，匡君父，无逾于灭寇，然生平未常学，父师未常教，所殚心者，制举之业。一旦握兵符，驱强寇，其最良者惟守义捐躯，何益于疆场哉？愿皇上独断，亲选强壮聪敏者，命大臣教习之，讲究韬略，劳练筋骨，充拓胆智。皇上特优其秩，比于翰林华选，俟实学有成，他日授以重任，必能建奇功，当一面耳。臣观戚继光之书，称义乌东阳兵力可用。臣亲至其地，见其士忠义自许，野农朴勇不二。虽旧伍有人，习于顽钝不前，莫若新募数千骁勇敢战，特简重忠义、怀大略者，召募训练，就中推择将帅，一如戚继光法，精练武艺，申明律令，统率以布河南郡邑。壮者拔以为兵，弱者抚以为农，中原尽可恢复也。"疏入，帝是其言，令所司确复。刚字憨人，弘光时授兵部职方郎，后以死难闻。

晋工部尚书范景文、礼部侍郎丘瑜为大学士，入阁办事。各疏辞，优诏不允。

癸酉，祭朝日坛，遣成国公朱纯臣行礼。

二十日，遣官祭文天祥、姚广孝。

遣户部尚书倪元璐祭太仓之神。

赠高如岱河南按察司佥事，荫一子入监读书，李时正良乡县主簿，邸养性国子监助教，刘蕙准复原官。

赠邓藩锡太仆寺卿，荫一子入监读书。

赠王维新光禄寺卿，荫一子入监读书。

祭社稷坛，遣成国公朱纯臣行礼。

升王正志户部左侍郎，王鳌永户部右侍郎，仍管钱钞，复沈迅官。

升张弘道光禄寺少卿。

己卯，户科给事中吴甘来条上十事："一曰因屯练兵，一曰即兵兴屯，一曰杂折宜密，一曰本色宜储，一曰本色可改折色，一曰买米不如留米，一曰酌盐引，一曰假便宜，一曰约钞费，一曰广捐助。"章下所司。

南京国子监监生向阳疏奏：

　　窃念寇炽楚中，长江之险，业与寇共。留都踞长江中道，上至东海，北岸扼险，如安庆，如西梁山，如针鱼嘴；南岸扼险，如黄盆，如东梁山，如采石，所为上江之门户。昨设皖抚，并九江督抚，控制最为得力。臣愚欲于采石添设水师，除旧制营兵。不可移易就新，设新标新水等营，择一将领，令统原辖兵丁移驻。敕上巡江御史，驻扎池州、太平间，以通呼吸，则上江之门户严矣。

　　若夫下江一带，北岸扼险，如三江、会口，如瓜州、仪真；南岸扼险，如颛山，如镇江，如天宁州，所为下江门户。狼山旧设副将，防海亦以防江。然下江可虑，不在东海而在盐场也。自上游有警，盐徒失业饥寒，狡猾叵测堪虞，臣计欲将两淮盐运司左贰官裁革一官，改为练兵府佐，令募盐场义勇，大开功名之门，而阴消其不逞之念。盖盐徒人多精悍，家习技勇，苟募人至三千名，合成一旅，不待久操而武艺皆精，不待别求渠帅，而父子兄弟皆人战家守，效死并力者也。再敕下巡江御史驻扎镇江、瓜州间，以重节制，则下江之锁钥巩矣。

　　今圣明合并文武操江旧制，武操止统新江一营，文操标兵则有太平营，上江则有奇兵营，下江则有游兵营，权既属一，责有攸归。曷合四营为二营，俱令严守江岸，与对江浦口大帅，分防共守。

上通皖抚，下通狼镇，指臂相连，缓急相应。其滨江各府江防同知，俱令驻扎江干，缉弭奸盗。兼守信地之游兵，未必非劫行船之盗府。有官弹压，自可潜杜孽萌，此皆江防之要策也。臣生长留都，久教读盐场，习知其人情土俗，因敢冒昧上陈。

得旨："奏内亦有可采，所司酌复。"

李自成犯代州，总兵官周遇吉拒战，斩贼万余人。

南京兵部尚书史可法荐战将张浩然，从之。

谕吏、兵二部："朕念豫省残破，郡县料理需人，铨除更调，惟循常格者行。各抚按官凡被陷员缺，悉听自为挑选更置，不拘科目杂流生员布衣人等，但才能济变、品行服人者，即与填用。其有能倡募义兵，恢复一州者，即受知州；恢复一县者，即授知县。功绩茂赏，决不悭吝。应与练兵安民理财之事，俱听该抚按率同所属有司，便宜举行，朝廷毫不中制。其力秉虚公，用心遴选，务求戡攘，不得徒事虚名。"

谕司礼监随堂办事内官太监高起潜总监关宁蓟镇中西二协，卢维宁总监津通临德，方正化总监真保等处，乾清宫管御清监太监杜勋监视宣府，王梦弼监视顺德、彰德，阎思印监视大名、广平，牛文炳监视卫辉、怀庆，乾清宫打卯牌子御马监太监杨茂林监视大同，李宗化监视蓟镇中协，张泽民监视西协。

赐王承恩祭十六坛，造坟安葬。

诏恤延镇殉难官绅。

帝谕："昨有旨，给发蓟关诸路饷银。关宁，差内员阎国辅、李宠；蓟督军前，差田吉祥、陈曰节；西协镇臣军前，差杜进忠、王道忠，同兵部官星速解运。"

兵部尚书张缙彦疏报灾变。帝曰："雨雪非时，天心示儆，该抚镇道加意修省，以图消弭。"

帝令方孔炤以原官兼理军务，督同广、大二道，就近御防。

庚辰，陕西道御史白抱一疏奏：

顷以奉先殿兽吻为雷震损，皇上悚惕靡宁，亲行恭慰，旋命礼臣条上祭告修省事宜。顾臣以为祭告可以言事宜，修省未可徒责之事宜也。何也？修者，敬修诸己；省者，内省诸心。从来避殿减膳，不过具文，祝史致词，无关诚信。若论灾变，揆厥咎端，多在臣下。然而皇上之一身，真天地祖宗社稷之主。夫风雨者，天地之怒气也；庙貌震惊，则祖宗未免怨恫也。今岁仲春之月，皇上躬秉圭瓒，有事于社稷，而暴雷飘风，左右凛栗。兼之守臣奏报，凤陵发祥之地，无云而雷，郁葱改色。合是数者观之，灾不虚生，变岂细故？然臣窃观皇上数年以来，罪己同于汤禹，侧身迈于云汉。蠲赈则周文之发政施仁，求言则虞廷之达聪明目。以皇上励精求治如此，固宜锡福如升恒，尚尔示儆于灾变，则臣有以知其故也。

父母之于子也，于其最克家者爱之愈深，则督之愈至，惟其不类，则漫尔置之。然则皇上真天地之爱子也。否泰相循，关乎运数；重熙三百，古所未闻。凡灾变之所儆戒人君者，惟修德足以胜之。今皇上遇灾滋惧，降诏修省。臣以为敬修诸己，内省诸心者，为我皇上陈之。

孔子曰："修己以安百姓。"故安民者，修己之验也。百姓诚有未安，固未可谓修己之已至也。故安民之要，在乎知人。夫知人虽难，然尧之知舜，舜之知禹，所知不过一二人而已。《传》曰："维彼惠君，民之所瞻。秉心宣猷，考慎其相。"故论相独为人君之职也。皇上御极以来，居兹地者，将五十人矣。自有君臣以来，未有旅进如此其多，更易如此其数者也。良由考之不慎，所以去之弥轻。刻深狠戾者，谓皇上之果于持法，则务为戕伤善类，以快己之私；便辟机变者，谓皇上之欲为推恩，则又为狎比淫朋，以遂己之欲。总之务为容悦之意多，自然安社稷之意少。怀患得患失之隐以事君，窃作福作威之权以罔上。后先一揆，彼此一致也。语曰："慎独可以行道，无欲可以言王佐。"皇上诚能合德于天，采听于众，早得无欲之臣，以付王佐之任，则容悦诡随者，无所售其奸；老成持正者，得以安其位。取人以身，影随表正，又何疑乎前车之覆矣！

《易》曰："乾德曰保合太和，坤德曰含弘广大。"孔门论政，而以"欲速见小"为戒；《诗》《书》所载，而以"临下以简、驭众以宽""不竞不绿、不刚不柔"为极则。故察之太精，则不足以容物；持之太密，则不足以得情。一眚见弃，则世无全才；一事见疑，则人怀慙阻。曩自刻深机变之人相继进用，人心久已险而不平，躁而不静。激以为智，讦以为直，是以戈矛日炽于冠裳，嚣凌日见于辇毂。人心不正，世道困乏。臣以为君心者，万化之源也。崇奖忠厚，则浮薄之习自消；务为宽大，则腤削之风自正。守正刚直者，虽忤己而必宏；廉节恬退者，虽迟钝而必录。则声色不大，而窥伺之端何自开；偏党不作，而笃恭之效固可睹。将见君仁而仁，君义而义，教化驯，风俗厚；风俗厚，而中外之乱衰息矣。

帝纳其言。

山东兖州诸郡县民张道等上疏申救旧河臣张国维。

赐李辅明祭六坛，加祭二坛，建祠岁祀。

加谢弘仪都督同知，照旧管事。

吏部尚书李遇知引退，优诏留之。

太康伯张国纪捐银一万两助饷。帝言："卿数年以来，捐资杀贼，散粟活众，种种好义急公。兹复倾资输助，用济军兴，深可嘉尚。着特晋侯爵，仍荫一子，授锦衣卫指挥佥事，建坊示劝。"

命刘肇基提督大教场。

辛巳，谕吏、刑二部："张国维中枢不效，附和罪辅，蒙蔽君上，法当重治。姑念前任河道著绩，闻召星赴，着免拟罪，候用。方士亮等皆从轻拟。"

河南巡按苏京疏报流寇入晋。帝言："贼逼泽州，河北亟当豫防，该按鼓励官兵，扼守要口，尤宜固结人心，无令惊扰。抚臣例当候代，秦所式何遽缴敕东行？任浚速催受事，仍将到任日期奏报；李化熙兵马暂留堵剿，务使一贼不得阑入。"

帝谕："军饷急需，解运中断，蠲缓叠颁，民生未苏。今特选乾清宫管事王坤，同科臣韩如愈、马嘉植、辜朝荐，着各照题定地方，察已蠲免过钱粮，小民曾否实沾恩惠？地方有司有无预派私征害民？须大张榜示，严加体访，如确有见闻，指参重究，即催京边正项，并改折赃罚，已征未解钱粮，周延儒、吴昌时赃银，照敕谕内数月勒催星解。又朱大典一并会同抚按勒限督解。

王坤、韩如愈等，着作速起行，敕书关防，即行撰给。本章准从会极门封进。户部仍将立察督催钱粮数目造册，付王坤、韩如愈等。所司知之。"

壬午，李自成犯宁武，总兵官周遇吉力战，死之。

督师李建泰请以保定巡抚徐标加升畿南总督，仍管巡抚事务，河北、山东镇抚兵马钱粮，悉听节制调度。从之。

兵部奏叙援兵趋密战殁将士。得旨："祖应魁赠怀远将军，荫一子外卫总旗；李勇准复原官，恤银二十两；王不伐赠骠骑都督金事，荫一子外卫所镇抚；奏虎、王命、富爵，各赠昭勇将军；许国衡赠镇国将军；副总兵曹训蛟赠昭勇将军，各荫一子外卫所总旗；王国诏等二十九员，各赠昭信尉百户，荫一子外卫总旗；以上俱各世袭。张路安等一千二百二十四名，家属各恤银六两。"

兵部叙阵亡功。帝言："王朝禄等四员各荫一子京卫小旗，世袭。"

兵部叙战守各官。帝言："战守著劳各官，委宜酬叙。王德化着司礼监优议；朱纯臣加禄米五十石，荫一子锦衣卫指挥金事；刘余佑起补日加一级，荫一子入监读书；余城、吴甡免议；吴惟英虽故，伊子袭爵，加禄米五十石，荫一子锦衣卫指挥金事；三辈应赠何衔，即与议复。王加彦加一级，荫一子锦衣卫正千户，三辈。倪仁祯、陈昺虞各加俸一级；韩如愈、吴邦臣各加一级；王承胤、王埏等着即与议复，不必行察。其余副总参游中千守把等官，原系何官，应加何衔，逐一详注以闻。"

癸未，史科给事中马嘉植疏言：

兵凶战危，与其鲁莽决裂，毋宁慎图万全。臣于剿秦寇、调土司二事，不能无说以处此矣。夫天下安危，恃此剿秦寇一著。前车之覆，后车之戒，一误岂容再误？且皇上亦知孙传庭偾事之因乎？传庭原守关有余，而出围不足，使弹丸可封，隐然在山之势，贼必无能为也。特因大言不惭，自称一鼓荡平，以欺皇上，此明知不可为而为之也。

臣曾与同官光时亨等切议之，曰此举有三危着：如河南北列垒相持，能无师老财匮乎？即褰裳飞渡矣，或半渡袭击，或断扼锱重，能保必济乎？即诱我深入楚地，然跋涉宁得胜算乎？此番须沉舟破釜，誓不同戴天，多方布置，五路援兵，以张敌忾，庶几有济。若虚了故事，空拳徒搏，以撄狂锋，孙传庭之危着，又当虑之矣。万一失措，贼势愈骄，恐为祸愈烈。盖兵贵万全，不争延迟速，计此日旧督遗烬难收，白镇偏师不还，三边骁锐难保，一望坚冰千余里，我难往而彼易来，我孜孜觅渡，彼声声窥突。故必度我力之能进剿，而后能守河，又必度我力之能守河，而后能进剿，此知己知彼之数也。如其不然，三晋且岌岌，安望鸣金深入？此万分宜谋宜慎者也。

至于台臣陈丹衷痛愤时艰，毅然以借兵土司为请，举朝壮之。时势不同，利害当秘。自用兵以来，无岁不召援。东奔西驰，从未克敌。逍遥糜饷，驿骚为患。夫以数世豢养之兵将，尚不能必其用命，而欲向苗蛮责以大义，输其肝胸，此实难矣。且彼托山溪为固，岂能裹粮影从？索安家行粮倍于官兵，两粤能搜括不匮乎？土司亦有老弱，我能抽练成劲旅乎？官兵所过，尚摇手闭户。声闻苗兵沿途惊窜，刍粮其克供乎？万一待哺无门，能俯首听约束乎？迤逦数千里，贼势如风雨飘忽，能迎头截劫乎？不幸无功，空费金钱，徒滋劳扰。幸而稍稍立功，狼子野心，骄悍难驯，两粤之间，从此多事矣。昔回纥、吐蕃，始焉得其力，终必受其患。今土司虽非此论，而事情则一。即套部发难，近事不远。所当慎其始，忧其卒，深鉴于往事，预防于未然者也。

帝言："秦事已有旨。土司，陈丹衷会同该督抚，相机调度。"

日讲官林增志疏请迁葬，许之。

帝谕："刘泽清剿寇著劳，着再荫一子锦衣卫千户，世袭。"

户部请于两淮金报盐商，从之。

调杨玄锡为文选司主事。

升许直为考功司员外郎。

升方大猷为遵化金事。

甲申，祭历代帝王。

赠马嗣杰光禄寺少卿，荫一子入监读书。

赠钱士贵刑部右侍郎，荫一子入监读书，赐祭，减半造葬。

命张缙彦仍以兵部尚书兼翰林院学士。

山东总兵刘泽清疏请开矿。帝言："开采一事，原旨甚明。据奏，青登等山处处皆矿，即着该道设法采取，用充本地之饷。总以与民相安。如有滥用奸徒，私侵冒破等弊，巡抚御史据实参治。"

刑科给事中光时亨谏遣内员。不听。

下侯恂于狱，帝令从重究拟。

乙酉，晋大学士魏藻德兵部尚书兼工部尚书，文渊阁大学士，总河屯练等事务；晋方岳贡户部尚书，兼兵部尚书，文渊阁大学士，总漕屯练等事务。

谕吏部："将更换冲地道臣，以重饷运事，原本即日补奏。"

升黎玉田右副都御史，照旧巡抚，荫一子入监读书。

加升张如蕙山东按察司金事，管颍州道事。

礼部侍郎张维机引疾，优诏慰留。

丙戌，钦天监奏请三月十二日，公主婚礼；四月初四日，永王加冠。

帝谕："士习之坏，总由实行不修。今后教官有敦崇行谊，倡明礼乐，成就人才者，准与优擢。其恶滥社刻，并行禁止。"

召辅臣陈演等来中左门。

召京营总督李国祯、刑科给事中光时亨来中左门。

礼部疏奏灾异。帝言："据奏，灾异迭闻，深轸朕念。事天以实不以文，着中外大小诸臣痛加修省，改行涤心，以弭天变。"

帝言："成勇赦罪方新，何得遽复原官？着改别衙门用。"

赠黄世清光禄寺卿，韩上言、朱新堞陕西按察司金事，各荫一子入监读书。

赐闵仲俨祭葬。

礼部奏旌节烈。帝言："刘氏等二十一口，照例行各州县设坛致祭，仍许自行建坊，以旌节烈。"

礼部奏死难烈妇。得旨：武氏等建坊旌表。

祭酒孙从度疏请临雍，兼陈四事。帝是其言。

顺天巡抚杨鹗疏奏身体受伤。帝言："杨鹗身体受伤，深可轸念，还着调理视事，以巩岩疆；赐药饵银三十两。"

兵部侍郎张伯鲸引疾，令致仕。

召六科、十三道、驸马巩永固来中左门。

戊子，刑科给事中光时亨疏言：

本月初二日，上召府部锦衣詹翰科道等衙门至中极殿，询以兵事。诸臣分班奏对者约计三十余人。臣因班次在后，未及对，今敢补渎陈之：

目下急务第一在审中外之形，莫如守关，守河，守河中。臣愚谓当抽津通良涿之兵，厚防三协；抽三协之兵，出救中前诸城。声势既张，控守复固，则关外无事矣。寇以张献忠渡江，牵制东南；今声言渡河，又以牵制西北也。秦督兵溃，贼必志在关中，今度左镇与江南兵力足以办献，而关中空虚特甚。宜一面敕巡抚据险扼防，一面专催镇黔蜀土汉之兵，分两路而出，以一直捣荆襄，以一策应关中，而秦督、江督、凤督诸兵为之夹击。其沿河江诸抚，皆各加防江防河敕书一道，令日夕整搠，以防闯窥渡，此所谓审中外之势也。

其次详战守之形。兵法见可而进，未有粮草不足、人心不固，可轻言战者。前之卢象升、洪承畴，今之孙传庭，屡屡有明鉴矣。今当速遣心计才干之臣，以一二员督运粮草本色，一二员连帅山寨义勇。必择素有威望，能得人心，习地利者，加以重衔，假之便宜，而后能联络有济，此所谓详战守之形也。

帝是其言："心计才干、奇谋渊识之士，光时亨如有所知，着据实以闻。"

召原任兵部尚书张国维、庶吉士史可程、举人朱长治，来中左门。

帝谕："乾清宫近侍御马监太监孙良弼城守河间，于朝城守沧州，尚膳监太监杨开泰城守霸州，俱着天津总监卢维宁下中军听其调度，即行前往。"

召大学士蒋德璟来中左门。

起用原任乾清宫事管御马监奉御赵本致管朝阳门城守提督。

谕司礼监奉御秦维翰督察标下掌司。

谕乾清宫牌子御马监太监崔明亮监视通州兵马钱粮城守。

河北屯务方孔炤条上屯法。帝是其言。

广西巡按御史李仲熊疏论巡抚林赟玩寇。帝言："贼逼粤界，窥突可虞，着地方官严加觇防。其所参林赟事情，所司察核。"

大学士陈演引疾求罢，帝优诏许之。赐路费银五十两，彩缎四表里，令驰驿去。

李自成使别将犯畿南诸郡县，诏令所在清野坚壁。

真定兵叛，杀巡抚徐标，迎贼。

诏清粤西土税，令该抚按清察，令副使陈丹衷动支充饷。

命钟汝达等仍以参将管蓟镇中协事务。

新乐侯刘文炳捐资二千两助饷，诏晋宫衔二级，仍准自行建坊。

博平侯郭振明捐资五百两助饷，令所司察收。

升山东佥事方大猷为遵化道。

户部疏陈屯务辅臣钱粮。帝言："警报方亟，辅臣暂且停行。"

福建地震，敕所在修省。

代王捐输固圉，降敕褒美。

总督三边余应桂疏请军饷。帝言："李化熙既简秦督，一应兵马钱粮，自应调集办剿。许定国着听该督驱策图功，高杰已有旨，所司知之。"

总督三边余应桂奉命逗留，既不入秦，亦不防河，往来介霍，帝诘责之。

李自成犯大同，巡抚卫景瑗不屈，贼磔杀之。

崇祯十七年甲申三月己丑朔，户部尚书倪元璐、兵部侍郎金之俊、都察院副都施邦曜、大理寺卿凌义渠、左庶子周凤翔、右中允林增志、都给事中吴麟徵、工科给事中金汝砺、江西道御史向北、山西道御史吴邦臣、四川道御史陈良谟等疏言：

皇上因军饷亟需，解运中断，特遣乾清宫管事王坤同科臣韩如愈、马嘉植、辜朝荐，各照题定地方，核催饷银。臣等恭诵制词，具征德意。但臣等窃以为未可者，诚以臣乡金华之乱，虽贼渠授首，而党孽未清。朱大典谪居金华，其地人本枭悍，重以骇荡之余，忽闻台使天来，一惊百动。又四十万金，何容易办？势必迁延时日，牵引朋亲，汹汹不休，良奸并起。即其他郡邑，积荒新警，正处危惊变内。诸员一时总至，有司承望督促，宁复聊生？乱人乘之，恐遂无浙。是则臣等之所大惧也。

且非独臣乡已也，江右方残，闽粤俱震，而江南尤嚣凌喜事，讹哄易兴，诚恐事端相因遂起。且科道三臣并饶风力，度能尽职，仰副殷忧。恳乞圣明深恩俯从，所关安危大计，诚非轻渺。至朱大典物论虽腾，而罚额太侈，尤希恩减过半，免累地方。臣等不胜惶悚！

帝言：“专委科臣已有旨，朱大典贪婪异常，岂得代为请减？一切应解钱粮，如催不及额，该科必罪，不贷！”

大学士魏藻德自请出京催饷。帝言：“览卿奏自当允从。但警报方急，已有旨留卿佐理机务，兵饷且不必催。着黄宪、路振飞，加意料理，以巩重地，毋得弛卸。"

赠王之良右副都御史，荫一子入监读书。

谕兵部："寇氛孔棘，豫抚秦所式不候交代，辄自离任，明属规避，着革职为民，听勘。任浚久报赴任，至今未到，屡旨严催，一味退缩迟延，何辞抗藐？着革职，充为事官，勒令星驰受事，图功自赎。再延，着督师辅臣拘参正法。"

召总兵官唐通速赴畿辅剿贼。

赠赵崇新镇国将军，荫一子外卫所试百户，世袭。

谕五府、六部、都察院、厂卫巡捕营："城坊内外严行保甲，并厂卫巡捕，访缉奸细，防守街巷，禁夜行，提防仓库草场。内外城坊各择土著端良绅士一二人协力察诘。有功，一体优叙。"

发银五千两，置城守器具。

福建巡按御史陆清源疏奏益藩避寇远出。帝言："益藩仓卒播迁，事定急当返国。张若仲、黄锡衮俱已有旨。所司知之。"

谕：原任司礼监秉笔掌印今遣戍宋晋，原任秉笔署印今遣戍李承芳，特准回伍，仍复原官，私家闲住。今改配原任秉笔李晋、田玉，原任乾清宫管事赵本政，打印牌子刘之忠，今遣戍原任司礼监典簿黄嗣昌、刘嘉善，原任正阳等门掌司秦维翰，俱特准释罪，量复奉御，闲住。

调河南佥事杨千古分守大梁。

调河南参议宋翼明分守河北。

调河南副史范矿磁州兵备。

调河南佥事赵之玺分守河南。

庚寅，赐邢国玺祭葬，张守箴、马士禄各与祭一坛，焦玮等共祭一坛。

赐冉逢阳祭二坛，伊妻张氏并祭，合葬。

升赵京仕通政司左通政。

以宋权为密云巡抚。

辛卯，户科给事中介松年疏荐张三谟、张暄、惠世扬。请特召起用，以为士民之望。

东厂请禁烟酒。

广东地震，敕所在修省。

授举人朱长治兵部职方司主事。

浙江士民王玄旷疏言抚臣董象恒抚浙著绩，奏请代赎。帝令察勘。

浔州府民刘江等疏奏乱民挟官，帝诘责抚按安戢。

广西巡抚林赟，疏奏藩王避寇武、邵。得旨："藩王捐资守国，已奉有谕旨，乃寇未薄城，长史推官，辄借护藩远遁，成何法纪？该部看议以闻。该抚按不发兵助守，且令权避，是否有据？着回奏。王既驻武、邵，地方官宜设措供应，毋致失所，一面护送回藩，以资保障。"

谕吏部："旧枢臣张国维着授兵部尚书，兼都察院右佥都御史，前往浙直，督理输饷练兵事务。"

壬辰，谕文武百官穿罗。

左都御史李邦华疏奏："台班乏员，巡城五差止得四人，今行取诸臣鳞集阙下，请速赐考选。又成勇、叶廷秀，已被召起用，请补原官。"

兵部尚书张缙彦疏言："献闯之局既异，剿防之著宜审。但闯献情形，所闻靡定，今闯既入秦，去陵千里，献由楚入粤，长江天堑，是今日闯献局异，非十六年八月之情状也。况去年十二月，该本部复凤阳总督马士英题为惊闻闯逆等事，已奉明旨，则督监会剿之兵，万难中止。即防陵系臣专责，臣部早已筹之。惟在督监一面，确探有警赴信，酌贼势缓急而为之用，断无株守以听献贼之远纵也。"从之。

大学士蒋德璟引疾求罢，帝优诏许之。赐路费银四十两，纻丝二表里，令驰驿去。

升卫辉府知府文运衡为山西屯牧道。

赠李继祯都察院右都御史，荫一子入监读书。

赠朱敏汀河南按察司佥事，荫一子入监读书。

赠台州知府傅梅太常寺少卿，荫一子入监读书。

赠使臣孟鲁钵工部营缮司主事。

帝谕："降荆祚永一级，照旧仍俟别案处分；申嘉言照原级起补日，降三级调外用。"

赠李耿山东按察司佥事，荫一子入监读书。

赠姚汝明山东按察司副使，荫一子入监读书。

赠唐良锐河南按察司金事，荫一子入监读书。赠金麒旗手卫经历。

癸巳，给傅宗龙赠官诰敕。

吏部请恤死难旧辅孙承宗。帝言："旧辅孙承宗前劳难泯，死义更烈，准赠太傅，荫一子中书舍人。"

赠李昌期山东按察司金事，荫一子入监读书。

赠晋调元、张可选山东按察司金事，各荫一子入监读书。

赠张经光禄寺卿；唐铉、李烛，各赠山东布政司右参议；张予卿准复原官，仍赠山东按察司金事，俱各荫一子入监读书。唐铉妻蔡氏赠恭人。

恤藩郡死难各官。帝言："殉难各官李乘云等，举人陈尔闻等，如议赠官。李乘云仍荫一子入监读书。"

诏司坊官用正途，久任优转，资防御也。

兵部尚书张国维条上生财七事。从之。

监军御史卫祯固疏言军事。帝令马科兵马随辅臣调度，以固河北。

帝谕发御前银六万两，分给蓟督三万两，密云中协各一万两，昌镇一万两，山西镇监视谢文举一万两，随带前去，给散宁武兵丁，以彰朝廷恤军至意。

敕河南副总兵刘洪起剿寇立功。

礼部疏奏藩封避贼。帝言："桐封分土，义重维城。近日闻警倡逃，忠孝安在？姑念未经申饬，量罚禄米三年；将军、中尉等，量罚禄米二年，再犯究革。长史、教授等官逮问。"宗室新葵私自入京，帝责其行止不简，降奉国中尉，仍罚禄米二年。

赐王汉祭葬，仍建祠岁祀。

发王三锡边远卫分充军终身，拘妻金解；崔永亨徒赎，以失守城池故也。

乙未，李自成犯宣府。白广恩、姜瓖叛降；监视太监杜勋迎贼。巡抚朱之冯不屈，贼磔杀之。

丙申，大风霾，昼晦。

命司礼监太监王承恩提督内外京城。

辛丑，分营九门，给守门兵每人百钱。

癸卯，李自成犯居庸。总兵唐通、太监杜之秩迎降；巡抚何谦遁。

诏三大营屯彰义门外。

甲辰，李自成犯昌平，诸军悉降；自沙河直犯平则门。

诏吴三桂督兵入关。

乙巳，李自成攻平则、彰义诸门，三大营俱溃降。

丙午，贼急攻彰义门，太监内应，门启，贼遂入。

丁未，内城陷，帝殉社稷。大学士范景文，户部尚书倪元璐，左都御史李邦华，协理京营兵部右侍郎王家彦，刑部右侍郎孟兆祥，右副都御史施邦曜，大理寺卿凌义渠，太常寺少卿吴麟徵，右庶子周凤翔，左谕德马世奇，左中允刘理顺，简讨汪伟，太仆寺丞申佳胤，户科给事中吴甘来，御史王章、陈良谟、陈纯德，吏部员外郎许直，兵部主事成德，兵部主事金铉，新乐侯刘文炳，左都督刘文耀，襄城伯李国祯，惠安伯张庆臻，驸马都尉巩永固，司礼监太监王承恩，死之。成德母张氏，金铉母章氏，汪伟妻耿氏，马世奇妾朱氏、李氏，刘理顺妻万氏，妾李氏，陈良谟妾时氏，俱从死。

先是，李自成分遣贼首刘芳亮犯畿南郡县，保定乡官光禄寺少卿张罗彦与其兄癸未进士罗俊督率乡勇婴城守。督师李建泰于三月二十一日入保定，二十四日，贼围保定，急攻。二十五日，建泰中军郭中杰缒城降贼，内应，城陷，建泰遂降。罗俊奋击贼，贼杀之。罗彦见城陷，奔归家，援笔书壁曰："光禄寺少卿张罗彦，义不受辱！"缢死井亭。其阖门兄弟子侄及妇女死义者，凡二十三人。

此编所记自崇祯十六年癸未十月起至甲申三月十九日止，而癸未十月以前缺焉。旧钞如此，诸家藏目又不经见，无从补其缺失也，但细检旧本纸格中心悉记叶数，自始至终，相联而下，据此则书固完善耶？抑录副之时，已止存残本耶？事较《明史·帝纪》为备，野乘佚闻，几经零落，今日视之，悉为宝书。爰亟付印，而志其疑于此。

北使纪略

［清］陈洪范

北使纪略

闯寇肆虐，逼犯北京，先帝宾天，宗社沦丧。洪范
世受国恩，迩年废居海滨，惊闻异变，泣愤同仇。徒
跣至镇江，史阁部招同过江，议安将士。忽接礼部札
付，奉旨召对。始知为吴三桂借[夷]破贼，顾大宗伯荐
往北使，蒙皇上面命，谨对："国事多艰，惟命所之，
义不敢辞。但使事甚重，非武臣可以专任，必得文臣同
往。"部议兵部侍郎左懋第、太仆寺卿马绍愉偕行，以
银十万两、金一千两、缎绢一万匹为酬[夷]之仪，因以
祭告祖陵，奠安先帝后，封吴三桂为蓟国公。本镇恐
[夷]情甚狡，事难遥度，就中机宜，必奉庙算，可以奉
行，共疏上请，复蒙皇上召对亲切，群臣廷议佥同。

七月十八日，银币甫齐，始得开舟。行至瓜、仪，
原请借用各镇马骡，鲜有应者。箱鞘繁重，苦不能前。
至清江浦，雇骡市马，不足驮运。分留缎绢，从河泛
舟。刘东平、田淮抚各发兵二百余名护送。

十五日渡黄河。

廿一日至宿迁。忽接[夷]使唐起龙等六人赍[夷]摄政
王书与本镇。事涉嫌疑，不敢[遽]进，当即具疏奏闻。

念已奉使在道，难以中阻，与左、马二使酌议前行。

廿五日，至马兰屯，为沂滕之冲。时值土寇劫屯，闻本镇至，半夜遁去。

次日，委标下[游]击孙国柱执本镇与九部院谕牌招抚，仍留国柱在本屯团练乡勇，即有土寇千人就抚为兵。八寨俱散，一方获全。

九月初一至望冢黄家楼，遇土寇十人劫驮打仗，护行将士追杀数十人，寇退，箱鞘无恙。

初五日至济宁州。虏官不许近城栖宿。放炮呐喊，有欲出打仗状，夜宿五里铺次。

次晨移驻二十里铺，以待水运缎币，四日不至。姜参将、王茂才沿河催运。自渡河来，村落凋残，巷无居人，将士裹粮露宿。济宁以士民为[夷]用，概不纳兵。

初九日，将借护兵将发之南回，沿途另雇土著乡兵护行，至汶上县，[夷]官总河杨方兴统兵相遇，本镇告以通好之意，彼嫚言："谋国要看大势，我国兵强，如要和好，须多运漕粮来，我们好说话；只是你南官要我摄政王早收一统之业耳！"本镇对以逆闯未灭，正当南北同心，降官说话，如何轻听得！

十五日晚，临清有旧锦衣骆养性，[夷]用为天津督抚，遣兵来迎。

十八日，至德州，有[夷]官巡抚山东方大猷告示云"奉摄政王令旨：陈洪范经过地方，有司不必敬他，着自备盘费；陈洪范、左懋第、马绍愉止许百人进京朝见，其余俱留置静海；郑泽溥所带多人，俱许入京"等语。味其语意，目中已无使命。次早传[夷]示之榜，傍有匿名一示，云："我乃俯偻而循，汝犹正立而面；原非不令而行，何怪见贤而嫚？"四语殊可骇异，疑为地方无赖借端中伤使臣也。及有报称目击谁写贴者，惟揭示存照而已。复闻[夷]官知州将匿名示句抄报至北，[夷]摄政王令逆辅冯铨解说此语，乃是骂王，王益滋不悦矣。至沧州，本镇与左部院商确，[夷]骄且嫚，相见之礼如何？若执不见，当日面承召对，天语丁宁，恐无以通好，济国事。因集马太仆、梅主事、各参谋共议，佥云："时势异殊，图济国事，不妨稍从委曲。"再四踌躇，未协一。

次日，左部院出首辅主议，廷臣复疏二通，以示本镇，始知阁议申以"不屈膝，不辱命，尊天朝体"，议论乃定。因悉议中以关外瓯脱与之，许岁币不得过十万，复疏中有"酬虏而非款虏"等语。此由阁议时第知吴三桂借名逐寇，不知[夷]踞都僭号，猖獗如此，谅难受我戎索，使臣惟有不屈其矢矣！

廿六日，骆养性亲到静海县，将三使臣所带官丁止许百人进京，余尽安置静海古寺中，以夷官守之。养性虽奉[夷]旨，语言之际，似尚不忘故国。[夷]谍者侦知以报，[夷]摄政王怒疑养性，削职逮问。且京城内外访察甚严，有南人潜通消息者，辄执以闻。陷北诸臣咸杜门噤舌，不敢接见南人。而甘心降[夷]者，惟绝通好，杀使臣，下江南以取容悦。山东偃蹇，皆王鳌永、方大猷为政。闻其屡疏极言不可和状，嗣王鳌永为其裨将缚之辕门，群唾其面，争脔割之，足以昭降[夷]之报。

廿九日，至河西务，闻[夷]小汗入都，择十月初一日僭位，不便邀前。差官王廷翰、生员王言假以副将联名帖送内院，冯铨见帖写侍生，厉声曰："入国问禁，何无摄政王启，辄敢持帖来见我！"王言曰："天使奉本朝皇帝之命，致谢清朝。天使行过济宁，已草一启欲先达摄政王。及抵德州，见有'不必敬他'之说，因此中辍。今差官此来，正是问禁。"冯铨语塞而厉，稍平徐曰："不收汝帖，可即进京来见！"初五日，至张家湾，因赉[夷]摄政王启，大意言："为国以礼，三使奉御书礼币而至，礼宜遣官郊迎，岂有呼之即入之礼？"复草一书与内院诸臣。王言至内院两见洪承畴，似有不安之色，含涕欲堕；谢升时而[夷]帽，时而南冠，默然忸怩；冯铨则惟其所言，岸然自恣。[夷]内院首刚陵榜什问："何以不径进来？"王言告以御书不可轻亵，若不差官去迎，使臣宁死不敢前进。

初十日，[夷]差礼部鞑官又奇库迎至张家湾，祖泽溥差原同参将辛自修二人至湾说："摄政王见启意颇善。"其父祖大寿传言："少有机会，无不效力！"暗

116

遣人相闻三桂，三桂传言："清朝法令甚严，恐致嫌疑，不敢出见！"令所亲来致意："终身不忍一矢相加遗！"三桂旋西出剿贼。

十二日，鼓吹前导，捧御书从正阳门入城，使臣随之，左部院素服素帷，[夷]将使臣及官兵人等送至鸿胪寺居住。[夷]欲以御书送至礼部，捧书者却足不敢前。时已天晚，因亦迎入寺中，关防甚严，内外不许举火，俱[夷]传送。官丁饥寒殊苦。

十三日，有夷官礼部数人至寺，问："南来诸公有何事至我国？"三使应之曰："我朝新天子闻贵国借兵破贼，复为先帝发丧成服，令我等赍御书银币前来致谢。"夷官云："有书可付吾们！"应之曰："御书礼宜送入贵朝，不宜轻投你部。"夷官云："凡进贡文书，俱到礼部转启。"应之曰："天朝御书，何得以他国文书比？"夷官云："说是御书，吾们也不收罢！"作色而去。[夷]以谢礼为贡，以天朝御书同于他国贡文，以故御书不敢轻与。

十四日，夷官刚陵榜什率十余人俱夷服佩刀，直登寺堂。刚陵踞椅上坐，诸夷坐地右毡上，通事指地左毡曰："你们坐此！"左部院正颜曰："我们中国人不比你们坐地惯！快取椅来！"遂取椅三与刚陵相对而坐。夷通事车令即刚陵之弟，其人狡黠舌辩，通夷夏语。夷曰："我国发兵为你们破贼报仇，江南不发一兵。突立

117

皇帝，这是何说？"三人曰："今上乃神宗皇帝嫡孙，夙有圣德，先帝既丧，伦序相应，立之，谁曰不宜？"夷曰："崇祯帝可有遗诏否？"三人曰："先帝变出不测，安有遗诏？南都闻先帝之变，会今上至淮，天与人归，臣民拥戴，告立于高皇帝之庙，安事遗诏？"夷曰："崇祯帝死时，你南京臣子不来救援，今日忽立新皇帝！"应之曰："北京失守，事出不测，南北地隔三千余里，诸臣闻变，整练兵马，正欲北来剿贼，传闻贵国已发兵逐贼，以故不便前来，恐疑与贵国为敌。特令我等来谢，相约杀贼耳！"夷曰："你们向在何处？今日却来多话！"左曰："先帝遭变时，我正在上江催兵；陈总兵、马太仆，尚在林下。"夷曰："汝催兵曾杀得流贼否？"左曰："我是催兵剿张献忠，闯贼也未曾敢犯上江！"夷曰："汝服孝服，便是忠臣么！"本镇应之曰："左部院是母丧，不是国服。"夷曰："毋多言，我们已发大兵下江南！"左曰："江南尚大，兵马甚多，莫便小觑了！"夷闻"江南尚大"之言，觉有不悦。本镇应之曰："我等原为摄政王发兵破贼，又为先帝发丧成服，皇帝命我等赍御书银币数千里远来，原是通好致谢，何得以兵势恐吓？果要用兵，岂能阻你？但以礼来，反以兵往！不是摄政王起初发兵破贼之意。况江南水乡，胡骑能保其必胜乎。"刚陵不答，径起而出。

十五日，内院夷官率户部夷官来收银币，对之曰："银币是送你们的，正该收去，将银鞘十万，金一千两，先付蟒缎二千六百匹，余缎绢尚在后运也。"私计吴三桂既不出拜诏，则万金可以无与。[夷]见十万外，尚有余鞘，辄起攘夺，告之曰："银一万两，缎二千匹，是赏吴三桂的。既到此地，你们亦收去转付。"诸[夷]抚掌踊跃负驮而去。目击[夷]情狡悍，事势难为，密修寸楮，令都司车镇远逾垣而去，驰报史、马二辅，早饬备御。嗣闻西寇势急，连日八王子领兵出彰义门，往西剿贼，过此数日，封锁寺门，杳无消息，令人密探，闻[夷]摄政王问内院诸人："南来使臣如何处他？"十王子曰："杀了他罢！"[夷]摄政摇手。冯铨曰："剃了他发，拘留在此！"[夷]摄政不答。洪承畴曰："两国相争。不斩来使，难为他们，下次无人敢来了！"[夷]摄政曰："老洪言是！"遂有放回之意矣。

二十日，车令送祖泽溥同来参将辛自修、姜琦等八人至寺，称祖锦衣他父亲留他不去了，同来官丁送在这边，同回南去。辛自修言祖锦衣十六日被[夷]逼令剃头，痛哭一日夜。自言"奉命同来，图成好回南。今为鞑子所苦，至死不忘国家"等语。

二十六日，刚陵至寺，说："你们明早即行！我已遣兵押送至济宁，就去知你江南，我要发兵南来！"三使云："奉命而来，一为致谢贵国，一为祭告陵寝，一为议葬先帝，尚要望昌平祭告！"夷曰："我朝已替你们哭过了，祭过了，葬过了！你们哭什么！祭什么！葬什么！先帝活时，贼来不发兵；先帝死后，拥兵不讨贼。先帝不受你们江南不忠之臣的祭！"本镇应之曰："果不容我们改葬，愿留银二千两烦贵国委官督工，如何？"夷曰："吾国尽有钱粮，不须你们！已葬了，不必改葬。"出伪檄一通，当堂朗读。三使坐而听之，随粘寺壁，大约以不拔援先帝为罪一，擅立皇帝为罪二，各镇拥兵虐民为罪三，且夕发兵讨罪等语。左曰："今上贤序俱应，何为擅立？"夷曰："前已说过了，不必再言！"本镇曰："原为讲好而来，今竟讲不得好耶！"夷曰："来讲！河上可讲，江上可讲，随地可讲！"本镇曰："流贼在西猖獗未灭，贵国又发兵而南，恐非贵国之利！"夷曰："你们去，不要管吾！"

二十七日早，吏官二，带兵三百，立促出京，督押随营安歇，不许一人前后，一人近语。二十九日至河西务，仰望诸陵，近在咫尺，不得一谒祭告，哀痛不禁！即在河西务整备祭品，设位遥祭，文武将士皆痛哭失声。

初一日，至天津，遇后运缎绢，有夷差户部主事一员押之而北。

初四日，行过沧州十里，忽见夷官车，令带兵四五十骑，追左、马二使复回北京。本镇曰："三人同来同归，奈何复留二人？"夷官曰："留二位暂当住住！你可速回南去传报，报我大兵就来！"夷兵逼二使而北，拥本镇而南，不许叙别。左部院惟于马首曰："我以身许国，不得顾家，致意我朝当事诸公，速防河防江！"本镇此时同出独归，肝肠欲裂矣！或传[夷]使王之佐、魏之屏等三人使南，王之佐留之不回。初一日，魏之屏北归，至京，有他言，故来追去。总之，夷狄豺狼，变幻莫测也！

十五日，行至济宁，途遇王之佐，因托其善为我辞，早还二使。

十六日，[夷]兵押过济宁二十里而回。途中知宿迁之失，急从徐州渡。闻[夷]发兵三股，北来及各处调合诸营，约有数万，暂在济宁养马，便欲南犯。又闻调取丽舟数千，从海而南。防河防江，战守之具，所当急为有备者也。洪范劳苦备尝，奉使无效。自维衰朽，稍免斧钺，决计乞闲。惟是往返情事，逐日笔记，一字不敢虚伪。其诸[虏]至寺嫚语尚多，难以详述。姑记大略如此，听高明垂鉴焉！谨记。

青磷屑

〔明〕应喜臣

目　录

卷　上

思宗御极之元年，五凤楼前，获一黄袱，内袭小画一卷，题云："天启七，崇祯十七，还有福王一！"清晨内侍捡得，即奏御前，思宗因传巡皇城各官究所从，时袁槐眉先生以省垣隶皇城事，奏上曰："此事不经，何由得至大内？且臣等巡视俱各未见，而内臣特奏之，焉知非有奸人包藏祸心，潜伏肘腋而为此耶？如一追究，将来必有造讹立异，惶惑圣听者矣！"上可其奏，立命火之。

丁丑，予计偕北上，礼闱竣事，访宣武门外斜街，见乡民数辈拥一白鸡，羽毛纯白，喙距俱赤，云重四十斤，索价一两，观者环堵，莫之敢售，盖不知为何物也。偶阅《字汇·鸟兽部》，"鹜"字注云："鹜形如鸡，毛色纯白，嘴距纯红，所见之国亡。"

癸未六月，夜坐纳凉，忽阴云四合，雷电交作，爆光之中，出火星一道，声如炮炭，考之《天元玉历》，曰："电中聚火，人君绝世。"

壬癸年间，都下变异种种，如天津抚院将台旗竿终夜号泣，抚臣具疏以闻，椎牲祭之，亦不辍；凤阳祖陵悲号震动，三年不止，守陵内臣大集云水，斋醮弥夕，鸾鹤翔空累数千百，震号如故；五凤楼前门栓风断三截，京师黑眚见，大内百怪出，如此之类，纪述未尽。

都人士为予言：癸未春，京营巡捕军夜宿旗军之西首，更定时，一老人嘱曰："今夜子时有一妇人浑身缟素，涕泣而至，自西向东，汝切不可放过！如放过，为害不浅！至鸡鸣，即无事矣。吾乃地祇神灵，将来救此一方民命，如违吾言，当得重谴。"至夜将半，果有一妇泣诉如前，云："归母家，不意夫死。急欲奔丧，不避昏夜。"逻者谨如前戒，坚执不允，妇亦暂退。迨漏五下，逻者睡去，妇折而东矣。辄复旋反蹴逻者，醒而告之曰："吾乃丧门神也！上帝命我行罚灾此一方，汝何听老人言，阻我去路？汝今抗旨，灾首及汝！"言迄不见。逻者大惧，奔归告其家人，言未及终，仆地而死。嗣后遂有疙疸瘟、西瓜瘟、探头瘟等症，死亡不可胜计。

甲申四月，凤阳总督马士英、总兵黄得功、剿寇内臣卢九德闻变南行，江北郡县掳掠一空。

总漕黄希宪闻变南行，挟持独富，东省士民多从之者。山东总兵刘泽清至淮安，安东守将丘磊截其家口辎重，数日得还。

番山鹞（高杰之别号）首将李成栋至清江浦，守将张士仪以火攻之，杀获甚众。

五月，阁臣高弘图，枢臣史可法，督臣马士英，内监韩赞周、卢九德，科臣李沾，台臣左光先等共拥福藩世子正位南京，改元弘光，遣诸臣分道安抚天下，从龙定策诸臣进位有差。

上命诸臣集议谁任居守，谁任督师，内监韩赞周言于众曰："马相公弘才大略，堪任督师，史相公安静宁一，堪任居守。"士英不乐出镇，辞曰："吾往岁擒刘超，服老回回，多负勤苦，筋力惫矣，无能为也。史老先生镇抚皖城，屡建奇绩，目今番山鹞已至淮南，淮安士民仰公盛德，不啻明神慈父，督是师者，非公而谁？"史公曰："诚如公言，毋乃过其实耶！东西南北，惟君所使，吾敢惜顶踵，私尺寸，堕军实而长寇仇乎！愿受命！"越数日，遂进太子太保兵部尚书武英殿大学士，视师淮扬。

朝议既定，以史公督师淮扬。苏州吴县廪膳生卢渭率太学诸生抗疏争之，有"秦桧在内，李纲在外，宋终北辕"等语，朝野传诵，以为名言，时人方之陈东云。

时刘泽清据淮安，维扬士民之惧番山鹞之乞据扬城也，登坤固守，坚不令入，四野居民奔窜靡宁，而高杰之兵杀人无忌，莫敢撄锋，江都观政进士郑元勋恃其才之足以服众也，且认时局之线索在手，岸然出而为调人，往来高营，酣饮达旦，杰复以币饵之，元勋气益扬扬，语于众曰："高帅之来，敕书召之也，马士英聘书现在，即入南京，尚且听之，况扬城乎！"百姓未知真实，哄然以元勋与贼通，卖扬城以市德，遂共刃之，寸骨片膏，咀嚼俱尽（先是，士英用金币往聘番山鹞，弘光帝手诏有"将军以身许国，带砺共之"等语）。

元勋有别墅在城西东南隅，水色山光，互相掩映，颜曰"影园"。壬午春日，牡丹盛开，得姚黄二本，因言宋钱公辅园亭曾得此种赏花，同时之客，俱登崇阶，为一代名佐。元勋意颇自得，拟刻《影园集》，征名人诗歌以百什计，而竟遭奇祸，何也？

元勋既死，番山鹞大惧，因劫阁部于福禄庵，罗列兵仗，甲士环堵，公夷然处之。将及浃旬，乃为具疏以瓜步城屯其士卒，众志稍安。

高杰横甚，头颅满野，闻督师来，亦颇严惮，分命将士黄夜掘坎，埋胔掩骼。升帐之日，杰词色俱变，惴惴然若有不可测者。及庭见时，坦衷朴质，平易近人，偏裨亦各留茶。自此将帅视为易与，矫命横行，大为跋扈之势矣。

六月，朝议封黄得功为靖南伯，刘泽清为东平伯，刘良佐为广昌伯，高杰为兴平伯，是为四镇。左良玉、郑芝龙、唐通等进爵有差。

七月，安抚浙江监察御史左光先疏荐原任徐州砀山知县应廷吉于朝，有"三式之学皆精，天官之微更悉，臣与久处，信而有征，所当投大遗艰，究其底蕴"等话。部复：授廷吉淮安府推官。阁部具疏请之。奉旨：廷吉即以淮安府推官职衔，阁部军前效用。同得是旨者，为刘湘客、通判张镃、纪克用等。

扬州初定，遂于八月督巡淮安，点视刘泽清兵马。奏以泽清驻淮安，高杰驻瓜、扬，黄得功驻仪征，刘良佐驻寿春，各有分界。

是月，鲁藩从东兖来，信宿而去。

唐藩从凤阳来，会于淮浦，盘桓旬日，唐藩以阁部有肄业之恩，往还简札称门生。唐藩先以罪废，禁锢高墙。弘光帝登极，阁部具疏救之。

八月十五日，阁部升帐，忽旋风从东南起，吹折牙旗一面。其风旋转丹墀，良久方散。公以廷吉初至军前，欲试其实，即命占之，占曰："风从月德方来，为本日贵人，时当有贵臣奉王命而至者，风势旋转飘忽，其事为争，音属徵，象为火，数居四，二十日内当有争斗之事。五日前后须防失火，且损六畜。"越三日，城西北隅火，焚死一驴，毁民舍三间，匝月，遂有土桥之变，而督师高太监以王命至。公因其学之非妄也，时咨问焉。

九月，从淮抵扬，初定从征文武官员经制俸廪之数，开标额兵三万人，四镇同之。每镇本色米三十万石，银四十万两，左良玉称是，各镇不等。

阁部请印七颗：设督饷道印一颗，以原任副使黄铉掌之。监军道印一颗，以原任副使高岐凤掌之。行军兵部职方司郎中印一颗，以黄日芳掌之。同其官者，为秦士旗，主事何刚、施凤仪等。监饷同知一员，以知县吴道玉署之，无印。监纪推官印一颗，先后掌其印者，为原任佥事陆逊之、原任知县应廷吉。同其官者为刘景绰、梁以樟、吕彦良等。从征立功，为原任翰林院庶吉士吴尔埙，滁泗兵备石启明，开府推官李长康，赞画通判张镶，知县殷埕、支益等。参赞等官，不及备载。侯方岳后至，以为桃源知县。督师大厅副总兵印一颗，以李正春掌之。督师中军旗鼓印一颗，以马应魁掌之。同其官者为翟天葵、陶正明等。督师军前赏功参将印一颗，以汪一诚掌之。

靖南伯黄得功标下监军职方主事一员，以冯元飏为之；监纪推官一员，以徐某为之。

东平伯刘泽清标下监军道一员，以淮海道加太仆寺少卿张文光为之；监税知县一员，以原任赣榆县知县方来商为之。（东平镇淮，睚眦杀人，无所顾忌，北来朝臣韩如愈等悉被惨杀，其余泯泯者不能尽悉，然颐指唯诺，惟熊民之言是听，樊明片言转移，全活甚众。）

广昌伯刘良佐标下额设未详。

兴平伯高杰标下监军道一员，以王相业为之；监纪同知一员，以原任安塞县朱统镓为之；监纪通判一员，以许鸿仪为之。

总河军门王永吉标下监军道一员，以黄国琦为之；监纪推官一员，以杨芬为之。

江北督师太监高起潜标下额设未详。

四镇各私设行盐、理饷、总兵、监纪等官，自画分地。商贾裹足，盐壅不行，各私立关税，不系正供。东平则阳山、安东等处，兴平则邵伯、江堰等处，多凶横掠民，民不聊生。

弘光帝既立，以户科右给事中左懋第加兵部侍郎，总兵官陈洪范加宫保都督，使北修和议。懋第不屈，以身殉难；洪范放还，寻亦被戮。

当事者议以阮大铖为兵部尚书，举朝争之，南都人夜书一联于司马堂："闯贼无门，匹马横行天下；元凶有耳，一人浊乱中原！"尔时弊政难以枚举，南都人复书《西江月》一词于演武场，云："有福自然轮着，无钱不用安排。满街都督没人抬。遍地职方无赖。　本事何如世事，多才不若多财！门前悬挂虎头牌。大小官儿出卖！"

黄蜚自登州来，欲觐南都，路经淮扬，虑为高、刘二镇所掠，以书致黄得功，欣然以兵迎之，弗虞高之尾其来也。至邗关外五十里，地名土桥。角巾缓带，饮马蓐食。高营三叉河守备不审其由，以得功暗袭维扬告急。高遂密布精骑于土桥左右，而黄不知也。俄而士马围合，渐渐逼身，马不及介，人不及装，箭集如雨，得功以枪拨去，无及肤者。所乘战马，价值千金，攒簇而毙。得功夺他马而驰，随行三百骑尽为高营收去。

畴昔之夜，番山鹞以得功离镇，发兵千人夜袭仪征，守城副将丘钺、马岱等侦知之，相与谋曰："高兵来，以主帅他出也，姑以旧城委之。天明，主帅必至，内外夹击，吾事济矣。"因闭门坚守，令士卒饱食熟睡，城外四隅虚设烟火以为疑兵。薄暮，高兵大至，见已设备，不敢前进。又见烟火联络，以为黄兵营盘，炮矢齐发，夜半与火药俱尽。城中望见马岱，争先杀出，千人丧魄，俄顷尽歼。

番山鹞必欲以扬为镇，屡肆要挟，阁部为请于朝，维扬士绅又复大哄，守土以无祸为辞。阁部遂迁于东偏行署，以督府居之。入城日，高夫人邢氏号令严肃，颇称安堵。（按：邢氏，闯贼李自成妻也，番山鹞通焉，自成觉之，杖之百，将杀之。番山鹞挟而南奔，自成追之不及，邢氏美而艳，然严毅，将士悚惕，番山鹞见之，终身不复议置侧室。）阁部锐意河南，黄日芳、陆逊之叩应廷吉曰："师相将有事于中州，君意何若？"廷吉曰："明年太乙在震，角亢司垣，始击掩寿星之次，当殒上将，天下事未可知也！闻东省探细人至临淄，士民翘望王师，如雨济旱，何不取道于东？义声直进，彼中豪杰，必有响应者！"二公默然。

朝廷疏论时政，有微刺公者，曰："督师之地，为招亡纳叛之区；阁部之前，为藏垢纳污之所。"盖指北来诸公而言也。公置之不辩，于是东平各挟阿私，上疏论荐，中外之势，同水火矣。

兴平定居，阁部遂如仪征，点视黄得功兵马，大阅于部，赏赉金帛千金有差。

黄高交恶，遂各治兵。番山鹞曰："曩昔千人皆维扬恶少，尝欲图我，我故驱之，假手于黄君之士卒，岂敢败衄也！"黄必欲报怨。阁部不得已复之仪征，泊舟吾台庵侧，以为调释。值得功母夫人逝，苦次与语，稍霁色焉。因命监纪通判许鸿仪、推官应廷吉往高营议和，高虽听命，而所得马匹匼弗肯还，往返再四，始偿百匹，皆羸瘦不堪者。解至黄营，止收其半，阁部复以二十匹强之。余三十匹，渐次毙矣。高不肯补，阁部不得已偿解三千两，复令高杰以千金为黄太母赠，憾始稍释。

南内出太祖时所积军器及新造弓矢等件，数可十万副，解赴阁部军前，路经仪征闸，黄营将士抢掠过半。督藩令箭禁不能止，黄营监纪推官徐某解犯令者数人，皆牧竖也。阁部宥而弗治，所失军器亦不可问矣。兵部主事冯元飏来见阁部，以其名家子，礼接之，而倨傲不恭，气质与得功等，遂令监黄军，盖外之也。

仪征返旆，决意河南之行，番山鹞于初十日祭旗，风吹大纛顿折，红衣大炮无故自裂。杰曰："此偶然耳！"遂于十月十四日登舟，应廷吉私谓人曰："旗断炮裂，已为不祥！今十四日俗称月忌，又为十恶大败，何故登舟？"同列曰："高藩幕下智囊济济，岂无解此者？《诗》曰：'无易由言''莫扪朕舌'。"廷吉曰："其然，吾言过矣！"

二十一日，阁部暂驻清江浦，遂奏李成栋为徐州总兵官，贺大成为藩标先锋、总兵官，陆逊之为大梁屯田佥事，胡薪忠为睢州知州，冷时中为开封府通判，李长康为开封府推官，经略中原。时原任户部主事蒋臣、归安县儒学生员韩绎祖后至，阁部乞奏官之，辞不受。

诸藩各分汛地：长江而上为左良玉汛地；天灵洲而下至仪征、三叉河，为黄得功汛地；三叉河而北至高邮州界，为高杰汛地；自淮安而北，至清江浦，为刘泽清汛地；自黄家营而北，为史公汛地；自宿迁至骆马湖，为总河军门王永吉汛地。

阁标张天禄为前锋镇，驻瓜州；许大成为游击，领忠贯营；李栖凤为甘肃镇，驻睢宁；刘肇基仍总兵官，驻高家集；张士仪为河协镇，驻王家楼；沈通明为参将，驻白洋河。

黄铉督理粮饷，往来常镇，何刚催趱粮饷，往来苏松，兼理忠贯营事。高岐凤为监军道，同李栖凤协防睢宁。黄日芳为行军职方郎中，秦士奇、施凤仪副之。应廷吉为监纪推官，吴道正为监饷知县，马应魁为中军副将，翟天葵为旗鼓，陶匡明副之，汪一诚为赏功参将，同驻白洋，以任防河之役。后北兵入扬州，吴道正、马应魁、陶匡明、汪一诚等死之。

有使从北方来，自称"燕山卫王百户"，持书一函，函题云"某王致书史老先生阁下"。史公令中军官厚加款待，上其书于当宁，令词臣拟议报书以答之。

上月，有旨以"莫须有"事捕安东副将丘磊下狱。刘泽清自往唁之，饮馔丰美，把臂呜咽，且谕狱吏小心承值，会当书疏请磊复职。无何，磊竟杀。虽史公奉旨而行，实东平修怨为之也。

十一月四日，为阁部悬弧之辰，舟抵崔镇，各官免参。急报：剡城夏固山阑入宿迁。史公愀然不乐，亟召众官，舟皆未至，惟应廷吉从，因召见，徐问曰："在昔姜子牙、张子房、诸葛孔明何如人也？"廷吉对曰："三公皆王佐才，不得位置优劣，虽勋名事业成就不同，则时有利有不利也。庞德公曰：'卧龙虽得其主，未得其时。'斯言确矣！"公曰："陈寿有言：将略非其所长。"廷吉曰："考之传记，孔明种种调度，出人意表，岂寿所能窥测？他不具论，《出师表》云：'鞠躬尽瘁，死而后已，至于成败利钝，非臣之明所能逆睹。'只此数言，万世人臣之轨则也。"公改容谢曰："年兄教我矣。"（廷吉与公同谱，故云。）既而曰："天下事已不可为！先帝变日，予待罪南枢，分固应死，转念天下国家之重，庶几主器得人，希绍一成一族之烈，不意决裂至此！揆厥所由，职由四镇尾大不掉，为今之计，惟斩四臣头，悬之国门，以为任事不忠之戒，或其有济！昔之建议而封四镇者，高弘图也；从中主张赞成其事者，姜曰广、马士英也；依违其间，无所救正者，余也。"又曰："连日天象变异如许，年兄何不择其善者而言之？"廷吉曰："据实而言，犹疑伪妄，敢臆说乎？"令取新书二册赠廷吉而别。

次日，抵白洋河，令廷吉监刘肇基军，高岐凤监李栖凤军，进取宿迁。初八日黎明，师济河，夏固山遁去，遂复宿迁。

越数日，夏固山复围邳州军于城北，刘、李二将军军于城南，两将相望，未尝一矢相加。樵采者出，北兵谕之曰："尔民即吾民，吾不杀汝，好守城池，毋为他贼所据！"相持半月，各引去。

邳宿报至南都，贵阳方箕踞而戏，读罢，大笑哈哈不住，时东省杨公士聪在座，惊问曰："邳宿沦陷，幸而复完，南北关系不浅，公何泄泄为？"贵阳曰："君以为诚有是事耶？"杨曰："宁有无疾而呻者？"贵阳曰："不然，此史道邻之妙用也。岁将暮矣，阳河将吏例应叙功，耗费钱粮，例应销算，盖为叙功销算地也！"杨且信且疑，明春奉使河上，始知无伪。

复有使从北方来，自称鸿胪寺[序]班周某者，致书如前。公不启封，沉之于水，重赍其人而遣之。

卤簿所至，凡一技一能欲效用者，皆投策进见，随试随收，月有廪饩，以推官应廷吉董其事，命曰礼贤馆。于是四方幸进之徒，接踵而至，甚有献策请鬻三山街大功坊以助军饷者。辈臣病之，白史公曰："是皆跃冶之士，究其实用。所捐糈糜，亦百姓脂膏也，曷不遣此辈归塾就业，另储真才以副实用乎？"公曰："吾将以礼为罗，冀拔一于千百以济缓急耳。"廪之如故。相聚数月，既无拔萃之才，亦无破格之选，始私相谓曰："求之甚殷，遇之甚疏，吾辈其齐门之瑟也夫！"稍稍引去。城破日，从公及于难者止一十九人！

额饷虽设，所入不敷所出，遂以户部主事施凤仪行盐扬州。

扬州为高藩汛地，隔碍不行。复以周某为理饷总兵，兴贩米豆，官私夹带，上下为奸，利之所入，不全在官。遂议屯田，以陆逊之为大梁佥事官，给牛粮籽粒，另设属员，迄无成功。复欲应廷吉屯田邳宿，廷吉辞曰："国家屯政原有成额，小民世受，谓之恒产，焉所谓闲旷而屯之？且屯田籽粒既入于官，有司常赋又何从出？闻之桃源县生员，有愿输牛百头、小麦五百石以请县官者，断无是事。为此言者，面欺公也！"公不以为然，强之视屯田佥事事。

朔风日劲，河阳倍严，因令秦士奇等沿河筑墩以为施放炮火之地，应棐臣曰："是无益也。黄河两岸沙碛圩窬，土性虚浮，春水泛涨，断必倾圮，安能架炮？"而同事诸公方欲以筑墩多少，居为己功，且欲为富身进身地，议格不行。迄今两岸一望平沙，墩基尚存，识者嗤之，以为抟沙之智。

延陵乡绅朱一冯者，虎踞滩田盈千累百，家殷富，众怨所归。公虑经费不足，辄造其庐请助饷万金，以塞众口，朱不理焉。及兴平镇扬，肤诉者沓至，兴平遂疏于朝，追赃数十万，减至四万，力不能完。一冯浮海赴闽，第三子庠生号长源者，受刑追比，羁管社学，隆冬隔宿，卸梭堕其二指。后北兵入，复与戴姓兄弟纠集滩兵，横行衡命。戴已就戮，一冯父子不知所终。

卷　下

乙酉元旦，大风拔木，积雪数尺。自腊迄春，阴凝不霁，白洋河干，聊为绵蕞，飘洒浸润，竟不成礼。阁部以粮饷不前，诸军饥馁，断荤绝饮，蔬食啜茗而已。

兴平至徐州，程肖宇率骁健之士六人以降。（肖宇，丰沛间大盗也，聚众数千，攻掠无忌，思宗末年百战获之，下廷尉狱，未正厥辜，闯贼躏入，释之而南，仍复为盗。畏兴平强盛，率众附降。）兴平遂与歃血定盟，馈遗酬酢，略无虚日，浃旬酒醑，俱杀以殉。及至永城，乡绅某者蓄积甚厚，输犒数千，兴平亦与定盟，旋复见杀，并籍其家，故许定国力为之备。

兴平所宅徐州馆舍，极其精洁，忽异物迭见，坐卧不宁。陡于白昼无因而火，兴平胸首俱焦，狼狈走出，随身宝玩灰烬无余。爰是决意北征，抵睢城焉。

天启甲子七月，五星聚张。辛巳春，黄河涸，漕艘不行；钱塘江舟人炊饭，水入釜为火。壬午秋，荧惑入南斗。棐臣叹曰："伯阳父有言：今周之德若二代之季矣。象纬告凶，名川枯竭，将毋同乎！"是时黄河清，泗州麒麟现，阁部谓棐臣曰："是非休征与？将谓有建

141

武、绍兴之事也！"辈臣曰："天心仁爱，托物征奇，鲁狩获麟，未闻为尼山之瑞！"公艴然而起。

是月，阁部命监纪通判张镳往河南招抚土寇刘洪启（混名一把沙）、李际遇、杨四等，便道过许定国营，且戒以勿令兴平知也。

英吾至睢州扎营二十里外，悬王命旗于城埋，令曰："无故而入城道，视此！"兵民安堵，秋毫无犯。翌日，英吾率亲信精锐之三百人入睢州城，许定国素服角带候迎二十里外，执礼甚恭。有千户某者，拦马投词云："定国谋汝！"英吾不之信，马前责六十棍，送定国营，许即枭示。英吾遂与定盟，歃血钻刀，结为兄弟。定国以美姝进，英吾屏不御，徐谓许曰："行军之日，无所事此，弟如有心，为吾畜之。扫清中原，以娱吾老！"定国唯唯而退。

兴平意欲急行，定国迟迟不果，兴平诘之，定国曰："山妻偶恙。"兴平愠曰："弟人杰也，何无丈夫气？儿女子愿去则去，否则杀之，以绝他念。前途立功，惟君所欲，倘濡忍不能，吾当为君除之！"定国惊曰："此末弟结发，非他妇比，当即随行，幸勿见罪！"定国为上灯之酌，已则侍饮于兴平，令伊弟许泗陪宴诸将，各侑以妙伎一人，饮半酣，诸将觉其有异，密告兴平曰："今日之宴，大非昔比。伊弟许泗神魂不安，将毋怀不仁乎？"兴平笑曰："尔等以定国为虎狼耶？吾视之，直蝼蚁耳！"诸将再欲进言，兴平挥之而退，遂各畅饮。人挟一伎，不自知其落于彀中也。兴平寝室无宿将健儿，止鬌髫之童数辈。所用铁棍重十八斤，诡称四十斤，每以自随。漏将残，前后左右长枪丛集。小童急报，兴平急起索铁棍，失之矣。犹夺他人之枪，步战达旦，连杀数人而毙。三百人尽皆开膛，身首异处，觅一全尸不得也。次日亭午，城外将士约略闻之，犹未敢入。越三日，李本深等始率众至，定国已渡河北向矣。睢城接壤屠戮几二百里，所至之处，飞走皆刑。

元正十日，阁部所乘座船桅竿夜辄作声，自上而下，复自下而上，中军官备牲祭之，亦复不止，询之长年曰："无他，不过主人欲更舟耳！"十八日，兴平凶问至，公遂如彭城。

兴平既没，诸将互相雄长，下弦之夕，岁至血刃。公环甲戴弁，坐以待旦，兢兢不免。昧爽与诸将盟，以兴平嫡甥李本深为扬州提督，嫡弟高某为副将，以胡茂桢为阁标大厅，李成栋总兵徐州，其余将佐各有分地，立其子为世子，请恤请荫，于是众志帖然。

东平开藩淮邸，大治宫室，穷极壮丽。造一水阁，费及千金。落成日，淮庠诸生争献诗赋，称颂功德。其阁忽倾，二生溺水死。

淮阴紫霄观皂荚树一株产物如饴，色黄，味淡，淋漓不彻，士民以为甘露，纵观如市。辈臣过而见之，曰："此爵饧也。白者为甘露，黄者爵饧。所见之地，期见易主。"

公弟原任翰林院庶吉士可程自北来归，公疏请归之司寇。有旨："卿宣力于外，不遑将母，卿弟可程准居私第，侍奉甘旨，静听处分，不必引咎。"由是可程归于京师，史公勾当公事，每至夜分，隆冬盛暑未尝暂辍，且恐劳人，略不设备。员役倦怠，独处舟中。参伍有言宜加警备者。公曰："有命在天，人为何益！"坦然如故。后以公务冗烦，以黄蠡源老成练达，欲令与处一舟，面加商榷，蠡源辞曰："月芳老矣，不能日侍左右，师台亦当节劳珍重，毋以食少事烦，蹈前人故辙。且发书走檄，幕僚济济，俱饶为之，征兵问饷，胥吏有司事耳。老师但董其成，绰有余暇，何必昼夜损神，以躬亲博劳瘁乎？"公曰："固知公等皆受用人，不堪辛苦！"蠡源曰："兵者，杀机也，当以乐意行之；将者，死官也，须以生气出之。汾阳声伎满前，穷奢极欲，何尝废乃公事乎？"公笑而不答。

二月，公还自徐州，黄浒山闻英吾之变，启衅欲袭维扬，代领其众，守城戒严。总河王铁山、总漕田百源深以为忧，且虑高兵横轶，令兼屯田金事监纪推官应廷吉持节安抚，而史公令箭适至，遂并行焉。至邵伯镇，撤其横税，商民歌舞。

十五日，公自徐至扬，令同知曲从直、中军马应魁入浒山营，问所欲为，浒山曰："吾乃朝廷大将，累立战功，僻处仪征小邑。番山鹞一贼耳，有何功绩，占据名邦？今既身故，令将泰兴、兴化、通泰二州，行盐地面，尽归于吾。念其死于王事，权分高邮、宝应、江都等处，养其妻子。如拂我意，誓不罢兵。"高营将士亦摩拳擦掌雄据。不一月，命高、卢二太监持谕解兵，始退去。时人为之语曰："谁唤番山鹞子来？闯仔不和谐！平地起刀兵，夫人来压寨（邢夫人也），亏杀老媒婆（史公也），走江又走淮。俺皇爷醉烧酒，全不睬！"二镇罢兵，高藩邢氏夫人虑稚子之孤弱也，恐独立不足以有成，知阁部无子，欲为螟蛉。公怪之，谋诸将佐，佥曰："无伤！"公心不然，毅形于色。辄有献策者曰："是不难。渠系高氏，有高监在。公盍为主盟，令父其父，子其子？"公可其议。次日，邢夫人设宴，将吏毕集，公备隆意，语高监，监忻诺，受其子拜，邢夫人亦拜，并拜公。公不受，环柱而走，高监止焉，宴毕各散。又明日，高监设宴宴公，并宴高世子。公甫就坐，令小黄门数辈俱围玉衣蟒者，挟公坐，不得起，令世子拜，邢夫人亦拜，以父称之。公无可奈何，勉强尽欢，怏怏弥日。

前冬紫微垣诸星皆暗，公屏人夜出，召棐臣从。公仰视曰："垣星失曜，奈何？"棐臣曰："上相独明。"公曰："吾昔位上相，近为瑶草矣！虽然，辅弼皆暗，上相其独生乎？"怆然不怿。

吴尔埙从英吾北征，睢州变后，流寓祥符，偶遇一妇，自称王妃。尔埙不察，以为弘光帝元后也，因开封守臣附疏以进。至京师，鞫之，则周府宫人也。尔埙以妄言得罪，杨公留不遣，夜发飞骑促尔埙至，代疏引罪，尔埙获免。后守新城，不知所终。

鸿胪卿高姓苍头从北平来，路遇一男子，着绣蟒裙，苍头惊曰："子其王子乎？"男子诡曰："然！吾太子也！"少选，则曰："非也！吾乃王戚晼族属王之明也！"苍头因为设策，令渠冒称太子，诈往浙江，因报主人曰："太子渡江而来矣！"高弗审，立命退之，且闻于朝。百僚勘察，旧时认识，尽得其情。高鸿胪弃市，之明尚系廷尉，未服上刑。弘光帝出奔，北兵未至，市嚣数百拥入大内，黄袍加身，三日毙于乱兵。公向不知颠末，曾为具疏，后深悔之。

三月，左良玉帅师南下，竖二旗于鹚首。左曰"清君侧"，右曰"定储位"。其实良玉不知也。首其事者，以他词诱良玉出府，良玉顾问："欲何所往？"首事者辄令众曰："命烧府第！"众共举火，烟焰张天，良玉不知所为。首事者进曰："小人乘权，储君未定，袁临侯等约同举事！"良玉唯诺。及至九江，继咸乘城拒守，炮达于寝，良玉始知为首事者所卖，惊怖而殂。左众遂舍九江，历皖城，径趋都下，马瑶草等罗拜黄浒山于榻前，浒山曰："吾受国厚恩，临事致身，分也，何烦公等重礼？"遂视师江上，累战皆捷。左众计绌，渡江纳款。北兵入白土关，浒山臂中箭毒，不能挽强，披甲登舟，竟为流矢所殪。（句容东南数十里，地名白土关。）

靖南罢兵，高营将士帗命投诚，惟阁部是听。内有忮其威名者，以原任翰林院编修卫胤文总督淮扬军事。公恬不介意，而将士愤懑不平，慰谕再三，终不受命。子安莅任之日，无一人至者，维扬既设督抚，幕僚集议于公曰："公督师也，督师之体，居中调度，与诸藩异，奈何与彼互分汛地？是阁部与藩镇等也。为今之计，公盍移驻泗州，防护祖陵，以成居重驭轻之势。然后缮疏请命，将此仔肩交付卫子安、王铁山乎？"公曰："曩之分汛，虞师武臣之不力也，吾故以身先之。移镇泗州，未为无见。"遂于是月一日，令耒臣监督参[将]刘恒祚，游击孙桓，都司钱鼎新、于光等船只会黄蠡源于清江浦（时蠡源防河未撤也），渡洪泽湖，向泗州进发。

屯泗之议既定，公谓应耒臣曰："礼贤馆诸生随军，有时兼之河防，多负勤苦。今又趋泗，是重劳也。君盍品定才识，量能授官，酬其积勋乎？"因于四月二日于督抚左厢策试诸士，第嘉禾归昭、昆山孙元凯等为甲乙，并授唐大章、唐妍、张大武、陆燧等通判、推官、知县等官。

卢渭是年充岁贡生，赴扬谒见，实有非分之望。公优礼有加，剧谈不倦。及试职衔，识卓议高，词采浚发。原拟压卷，公手其文，击节叹赏，另立特等，赠以路费三两而已。诸生迁次，次日进谢，公各谕遣。留棐臣小饮，从容问曰："君精三式之学，所言淮阴安堵，终不被兵，与诸人同。第言夏至前后南都多事，予所不解，亦无持是说者。"棐臣对曰："今岁太乙阳局，镇坤二宫始击关提，主大将囚，客参将发，而又文昌与太阴并凶，祸有不可言者！夏至之后，更换阴局，大事去矣！"公于袖中出弘光帝手诏示棐臣曰："左兵南矣！吾将赴难！君言不信则可，倘如君言，奈天意何！"执棐臣手唏嘘而别，遂于午刻发平山堂。

公既赴召，将一应军务付棐臣，令箭便宜行事。三之日，棐臣督诸军赴泗，过淮扬，刘鹤洲以令箭取军器、火药、饷银等件。（盖施诚庵教之也。诚庵以公不假兵柄，心忌应之独任，且为刘之私人，且南北危急，谓此饷无主，故令东平取之。）棐臣坚执不与，谓其差官曰："吾朝廷命官，钦定阁员，非札委者比，藩镇令箭，何为至我？"差官曰："令箭所以差官也。"棐臣曰："然，但此军器钱粮，受命阁臣，督往泗州，今虽暂时隔绝，何可便付？况已薄暮，亦非交割钱粮之时，明晨吾当亲见藩台，面议可否？"差官唯唯而退。棐臣即以令箭子夜叩关，退回高邮屯扎。

公至草鞋峡，黄浒山等已败左兵于江上，公先具疏入告，奉旨有北兵南向，卿速回料理，不必入朝，公登燕子矶，南面八拜，恸哭而返。

诸军驻高邮，奉阁部令箭云："左军顺流而下，邳宿道即督一应军器钱粮至浦口会剿！"午刻奉令箭云："北兵南向，诸军不必赴泗，速回扬州听调！"晡后复奉令箭云："盱眙告急，邳宿道可督诸军至天长接应！"棐臣谓诸将曰："阁部方寸乱矣！岂有千里之程，如许之饷，而一日三调者乎？惊急频仍，扬城必有内变，吾等第当坚守，相机而进。"诸将唯唯否否，计无所出，偶语而散。

十一日，公至天长，檄召诸将救援盱眙，单骑当先，不避风雨。忽报盱眙已降，泗州降将侯方严全军败没，浮桥亦陷。公一日一夜冒雨拖泥，奔至扬州，尚未得食。城中哄传许定国领大兵至，欲尽歼高氏，以绝冤对，且云出自公口。十四日五鼓，高兵斩关夺门而出，悉奔泰州。牲畜舟楫，为之一空。

十五日，移泗诸军尚屯高邮，黄日芳檄防河兵至。适见北来舻艎，挂帆江上，蜂拥而来。问之，则刘鹤洲、田百源之勤王师也。棐臣以刘有前隙，遂移屯高邮湖。

是日有北使至高邮，自称前庚辰进士陈某，云湖广人，又云江西人，僚属无识其面者。捧三函，内一函封题如前，一函题曰："某王令旨，仰总河都御史某开拆。"一函题曰："某王令旨，巡抚淮安都御史某开拆。"职方郎中黄日芳等与之辩论种种，使者以三罪罪我，曰："尔君藁葬城隅，汝辈听其凌夷草土，竟不发丧，一罪也；吾国为汝国报仇，汝辈擅立福藩世子，二罪也；吾国为汝君发丧归葬，又为汝国歼除劲敌，罔知报谢，亦无一介行李往来，三罪也。"日芳等云："先帝变起仓卒，诸臣料理不及，重顿发丧，已差大臣左懋第等恭伸款谢。"使者曰："土地山川皆吾国之余也，些须玉帛，何足挂齿？今奉天讨罪，以有道伐无道，何说之辞？"日芳等辞以主帅不在，徐当另议，彼亦不留，驰驿北去。

十六日，北氛日亟，黄日芳檄川将胡尚友、韩尚良各领本部扎营茱萸湾以为声援，应廷吉帅诸军来会，屯瓦窑铺以为犄角，是日田、刘撤兵回淮安矣。

十七日，移泗诸军驻瓦窑铺，何刚率忠贯营兵来会。时方至午食，北哨陡至，射倒裴臣家丁，众大骇愕。诸军执三眼枪逐之，既退，复奔邵伯镇。遇胡、韩二将兵，斩首七级。适南风大作，诸军复退邵伯湖卢家嘴地方屯扎。

十八日，城守愈严，公檄各镇援兵，无一至者，前锋镇移军天灵洲矣。午刻公檄黄日芳驻邵伯镇，即为汛地，秦士奇副之。黄铉趱粮未回，以东省未任监军道孙芝秀署督粮道事，应廷吉副之。驻邵伯镇，转运粮储，胡、韩二将往来护送。

十九日，公檄何刚督所部兵入城守卫，刘肇基率所部兵亦至，遂共入城。城陷日，刚以弓弦自经死。

二十日，北兵以大炮未至，屯斑竹园。骁将押住单骑劫营，夺马一匹，斩首一级而还。公赏以蟒纱一袭，白金百两。

二十一日，甘肃镇李栖凤、监军道高岐凤帅所部兵四千人至。梁以樟、应廷吉、张鑻、施凤仪并礼贤馆诸生俱入城守卫。

二十二日，李高有异志，将欲劫公以应北兵，公正色拒之曰："此吾死所也！公等何为！如欲富贵，请各自便！"前北兵遣我降人，百计说公，初犹令马旗鼓往来陈说，是日止令隔河而语。嗣后有北人来，亦不容矣。李高见公志不可夺，遂于二鼓拔营而出，并带护饷川将胡尚友、韩尚良诸兵北去，公恐生内变，亦听之不禁也。自此备御单弱，饷不可继，城不可守矣。

二十三日，漏下二鼓，公谓棐臣曰："移泗饷银约二十万，军器、火药十万，并诸粮米俱君首尾，弃之可惜，诸将非君至，当斩不与。可贪夜出城，陆续转运，以济缓急。"又云："吾自觉愦愦，已后急务便宜行之，不必关白于我，事竣日汇报可也！"棐臣曰："廷吉现守南门，若何？"公曰："以施诚庵代之！"于是缒城而下。城陷日，诚庵走至钞关门，背中流矢毙。

北兵未集时，刘肇基等请乘不备，背城一战。公曰："锐气不出轻试，且养全锋以待其毙。"不知坐失事机！及北兵从泗州运红衣炮至，一鼓而下，肇基率所部四百人巷战而死。

川兵既去，护饷无人。二十三日，游击韩飞护运粮七百石至扬子桥，遂为北兵所掠，杀死哨水数人，焚毁略尽。

二十四日，北兵试炮，飞至郡堂，弹重十斤四两，满城惶怖。知府济宁任民育吉服危坐城中，城破死之，眷属俱投井中。同知曲从直并其子拔贡生某分守东门，皆死之。

旧城西门地形卑下，城外高阜俯瞰城下，势若建瓴，且为兴化李宦祖茔，树木阴翳，由外达内，绝无阻隔，枝干回互，势少得出。诸将屡以为言，公以李氏荫木，不忍伐也。且言："诸将以此地为险，吾自守之！"二十四日，夜炮落雉堞二堵，二小卒缘墙而上，城上鼎沸，势遂不支。

周志畏以少年两榜，莅事江都，颇立崖岸，遂与高营将士不协，时被窘辱，百计谢事以难其请。适江右罗伏龙至，遂以水土不服议调，而以伏龙代之。罗受事三日，羽檄交驰，周仍不去。公因敕新旧县令一同守城，城破日，周、罗死之，家口无一免者。缙绅故大司马张伯鲸督修重城，同知王缵爵、运使杨振熙与难。

二十五日，扬城失守，邵伯镇文武一时星聚。移泗之饷，退屯赤岸湖野人湾。至二十九日，旧甘肃镇李栖凤令其弟栖鸾率众大掠。时李成栋扎营高邮东门，栖鸾不敢径进，乃以小艇载辎重潜过，护饷各官得以渔舟遁去。

二十六日，漕河诸臣望风归附，刘鹤洲、田百源等从安东航海。三沟闸、瓜步等处北骑密布。许大成决下河堤，以沙船至船海、富安场等处避乱。黄斌卿、郑彩守江口，杨文骢驻金山，筑围墙以避炮矢。五月初十之夜，大雾横江，北兵夜取瓜州市廛门扇栅栏、竹椅木棹，结为一牌，上燃灯烛，大施号炮，乱流而下，以为北骑之袭江也，悉力攻击。北兵从坎坛桥狭流轻舟飞渡，不过一二十人耳。黎明高阜僻处，虚设亭幛，击鼓吹螺，沿江守兵遂无固志，且有先期纳款者。江东王气，于斯尽矣！

阁部没后，新朝念其忠勤，敕有司给粟帛以养其母，与西门小房一区，以处其室。戊子岁，盐城人复有窃其名字以号召蚩氓者，掠庙湾，入淮浦，震惊白下，复拘系其孥，有北将曰："曩下淮扬，吾当先摧敌，若史公者，业手刃之矣！此固假窃名字者，行当自败，何必疑其母妻哉？"并释之。或曰："今有墓在梅花岭。"《逸史》云："闻为裨将史威所筑。"疑假疑真，不必深辨。

唐存德先生言："乙酉元旦，南都一大僚梦至帝所，见冕玉而搢笏者，捧册觐帝曰：'此在劫人数也！'帝曰：'南人多，北人少乎？'冕玉者曰：'然！高杰开刀，定数应尔！'帝首肯而退。呜呼！前定之说不虚也！"

浙东纪略

［清］徐芳烈

浙东纪略

乙丙之交，大清尚未一统，浙东一隅，亦以南北分之，纪实也，使易辨也。

甲午春，潞藩自淮而南，次武林，请居焉。

乙酉五月十一日，清兵至金陵，弘光皇帝走，城为之空。

廿五日，马士英从太后至杭，武林沸腾。

六月初六日，请潞藩监国。时惟巡抚张秉贞、巡按何纶、巡盐李挺在。闻于廿七八至苏州，乃遣总兵陈洪范往和。

初七日，朱大典、阮大铖自芜湖至。

初九日，陈盟至，镇东伯方国安、前锋方元科亦领兵至。

初十日，陈盟朝监国，出语士英曰："事不可为矣！"午后，总兵郑鸿逵亦至。鸿逵即请监国入闽，不允；请以宫眷渡江，亦不允，遂出城。时黄道周适在江干，连章劝监国即位，且责马士英误国卖君之罪。薄暮，陈洪范遣报城中云："北使明日至，且许监国仍令王浙也。"

十一日，郑鸿逵于江间遇唐藩，遂同黄道周奉以入闽。是日，方国安从余杭至，捶碎北牌。闻马士英至江干登舟矣，国安追及拉回，欲同勒兵御北。时杭民畏北，探潞藩及张秉贞至，相戒言战守事。

十二日，监国遣官持谕召陈盟入阁，盟具疏辞，遂之刿上。是夕，会稽庠生王毓蓍（字元趾）感痛激烈，作《愤时致命篇》。首曰："群奸误国，庙社沦胥，愤怀事变，恨不手斩贼臣之头；恸惜时艰，且思生食叛人之肉！养兵十载，大帅惟识奔逃；积粟千仓，墨吏半肥私橐。"又云："冠裳世禄之家，营窟以待新朝；郡邑莅事之长，收图以修降表。迫呼犒迎之费，尽属青衿；供奉大清之牌，遍传黔首。文非饰过，则曰暂屈必伸，当效会稽之辱；忍耻苟全，又云长往不返，驾言东海之逃。"又云："号呼莫闻，痛哭无路，用殉蛟腹，愧彼鼠心。古称五死，何俟捐驱赴义之可乐；寿止百年，保无疾病水火之杀人。惟兹清流碧水之中，正是明伦受命之地。鬼如不厉，为访三闾之踪；魂果有灵，当逐伍胥之怒。真能雪耻自任，愿激发于光天；倘或同志不孤，敬相招于冥土！"又诗二绝（遗失）。又遗书上左都御史刘宗周曰："蓍已得死，所望先生早自决，毋为王炎午所吊！"中夜不语兄弟，不别妻子，命阖沽醪，正襟浮白，劳以余沥，且戒勿从。持炬出门，贴《致命篇》于宋唐卫士奇之祠壁，肃衣冠赴水于柳桥。

十三日，北兵大至，巡抚、巡盐俱东渡。抵暮，方国安出与战，不利，杭民虑方淫掠，闭城不容入，且缚箭数捆，悬城以贻北，甚有在城索方氏兵以献者。国安穷蹙，遂与马士英亦以舟去。兵分水陆结排溯流而上，时或有沉溺。

萧庠廪生徐芳声及弟徐芳烈，同学蔡士京、何之杰等，于前三月十九之变，会通庠文学恸哭于明伦堂。兹当易姓，拜辞文庙。适儒学教谕潘允济、训导许士龙亦挂冠去，为之流涕于一堂，呜咽欲绝。随有不愿仕进，冥鸿高骞者，一百十三人。

十五日，北使至越。宁绍分守于颖议晓士民，欲画江守，而人心离涣，力莫能支，乃解印去，遁迹河曲。此后北使直至温台矣。

二十六日，山阴儒士潘集（字子翔）年十九，闻王毓蓍死，自署大明义士，操文哭奠于柳桥，有曰：“自古国运靡常，所赖忠臣骨作山陵；至今壮士何为？徒令儒生怨经沟渎！念太祖三百年养士之恩，竟同豢豕；思先帝十七载作人之德，无异饥鹰！”中云：“惟我王子气吞江浪，质烈寒泉。魂游故国，羞为他作嫁衣裳；声烈前朝，不落第一流人物。立身不二，始信秀才如处女，断不更夫；国士无双，才知名下不虚，今为定论。自兹柳桥石厉，不数司马题辞；泮水澜清，可继屈原骚赋。潘集闻风起鹊，幸达人先获我心；饮血啼猿，耻今日独为君子。魂其有灵，下榻俟我！"又《杂咏三首》中一绝："放眼拓开生死路，高声喝破是非关。莫愁前路知音少，止畏当头断气难！"读罢哀恸，夜怀二石与诗文，逾女墙投于渡东桥下。

闰六月初五日，原任苏松巡抚山阴祁彪佳（字幼父，号世培）养病里居，北兵至浙，以书来聘。公处分家政，作《绝命词》别宗亲曰："时事至此，论臣子大义，自应一死。凡较量于缓急轻重者，犹是后念，未免杂于私意耳！若提起本心，试观今日是谁家天下，尚可浪贪余生？况生死旦暮耳，贪旦暮之生，致名节扫地，何见之不广也！虽然，一死于十五年之前，一死于十五年之后，皆不失为赵氏忠臣。予硁硁小儒，惟知守节而已，前此却聘一书，自愧多此委曲。然虽不敢比踪信国，亦庶几叠山之后尘矣！临终有暇，再书此数语，且系以一诗，质之有道：运会厄阳九，君迁国破碎。鼙鼓志江涛，干戈遍海内。我生何不辰？聘书乃迫至！委赞为人臣，之死谊无二。予家世簪缨，臣节皆罔贽。幸不辱祖宗，岂为儿女计。含笑入九原，浩然留天地。"欢然饮燕，无异平时。肃衣冠，投于寓园放生池柳树之阴，夫人子弟不知也。笑容可掬，颜色如生。

左都御史山阴刘宗周，字启东，号念台。六月十三日，北兵至杭，廿三日，绝食。廿五日，乘舟入凤林，投西洋港，救不死。遂诣辞先墓，暂息灵峰寺。北使以书币聘，刘口授答书曰："大明孤臣某启：国破君亡，为人臣子，惟有一死。七十余生，业已绝食经旬，正在弥留之际，其敢尚事迁延，遗讥名教，取玷将来？某虽不肖，窃尝奉教于君子矣。若遂与之死，固某之幸也。或加之以斧钺焉而死，尤某之所甘心也。谨守正以俟。口授荒迷，终言不再。原书不启投还。"自此勺水不入口，作《绝命词》曰："信国不可为，偷生岂能久？止水与叠山，只争死先后。若云袁奉高，时地皆非偶。得正而毙矣，庶几全所受。"又曰："子职未伸，君恩未报，当死而死，死有余悼！"又曰："留此旬日死，少存匡济意。决此一朝死，了我平生事。慷慨与从容，何难亦何易？"遗命下瘗竖牌于墓道南，颜其额曰："有明念台先生藏衣冠处""□宗周妇□氏合葬之墓"，言讫泫然泪下曰："吾生平未尝言及二亲，以伤心之甚（先生为遗腹子，母守贞而终），不忍出诸口也！"已而曰："胸中有万斛泪，半洒之二亲，半洒之君王！"绝食久，后子汋泣请曰："尚有未了事否？"先生曰："他无所事，孤忠耿耿！"又命汋曰："汝停我于山，当于三年后葬。"汋问之，先生曰："先帝梓宫尚未落土（示致丧三年之义）。"门人环侍，叹曰："学问未成，命赖诸子，尔曹勉强去！"闰六月初六日，先生命家人扶掖起，幅巾葛袍，肃容端坐，有顷北首卧（示北向对君之义）。初七日，命取几上笔砚，书鲁字。初八，传言投见乡绅归，先生闻之，太息啮齿者再。戌刻气绝，双眸炯炯，虽殁不瞑。

闰六月初□日，北勒剃甚严，士民咸恸。山阴倪父徵字舜平，侨寓劳家坞，训蒙卖药自给。兹日夜哭，罄室所有，沽醪割腥，呼里中少年饮食之，鬻二磁缸，置祖茔左，垦诸少年覆之，少年大嚼而俞允焉。倪从容坐入，请覆缸返，须臾呼启。诸少年惊问曰："先生不耐闷耶？"倪曰："否否，适造次入坐，顿忘语对前峰耳！"整衣危坐，复命掩覆，少年逾时往扣，微有应声，薄暮呼之，则岑寂矣。年三十有三。

浙东汹汹，余姚乡绅原任礼科左给事中熊汝霖与原任职方司郎中孙嘉绩，密谋举义，于是宁绍分守于颖亦与之通。汝霖又以定海总兵王之仁心有机权，遗书相订。于初八日走甬东面请之仁兵，期以十二日会孙嘉绩于定海，约齐举事。于颖亦复与原任锦衣卫指挥使朱寿宜等谋，预令生员庄则敬等募江船百余艘至西陵，而绍兴义士郑遵谦亦暗结壮士数百人，将大举。

初九日，余姚北知县黄元如以筑路致怨，民捽几毙。孙嘉绩不及践约，乃即设御牌，率士民以斩之，兵遂起，郡城未之知也。

初十日，山阴安仓儒生周卜年字定夫，愤摘所佩玉雷圈锤碎，以纸包裹，外书"宁为玉碎，毋为瓦全"置府案上，作《绝命五歌》。一歌有曰："有君有君空号呼，昔也洒血升鼎湖！今王出走蒙尘涂，敷天瓦解畴张弧！"二歌有曰："有臣有臣谋家肥，处堂燕雀孰知几！冠来贡策贪紫绯，民离师溃成空扉。"三歌有曰："有父有父籍钱塘，寒灯暑月穷素缃。王母漂棺海沸洋，寻棺七日奚衔浆！"四歌有曰："有母有母矢靡他，坚白节操馨椒荷。哀哀罔极空吟莪，母节未旌可奈何！"五歌有曰："我生我生竟成空，恨不学剑弯长弓！神州陆沉将安穷，徒怀报国忧忡忡！"又云："罗江水，为清唾，人在水中同天卧。今予赴海葬鲲鲸，西风度我步前英。"又吊王元趾诗五首，有曰："鼓笔由来未学戈，书生壮魄气偏多。"又曰："京国冠裳嗟扫地，故宫花草痛成墟。"又曰："汩罗今不嗟孤偶，为报行吟硕客来。"又曰："冠裳一死留千古，形落沙沱气不磨！"临终寄叔父与弟书，谓："海水滔滔，不必求吾尸。无后一罪，惟贤弟赎之。吾尽吾心，人虽目我为迂，固甘心也。外数言嘱于汝嫂曰：'倘有遗孤，则不可不守；无孤，则不可不死。既无遗孤，又不能死，则不可不嫁。当敬听吾言，勿贻后累。'"处分毕，蹈海而死。

十一日，绍兴义士郑遵谦率诸壮士入府署，斩北太守张愫于路，斩山阴北知县彭万里，自号都统制大将军，令绅衿巨室咸捐助，随撤各路桥梁。

十二日，于颖坐小艇携短童至萧山。人心思汉，擒北知县陈瀛。

十三日，北当事命使渡胥江，持安民榜至。于颍在萧，即碎其榜而羁其使焉。一面巡缉沿江，守截渡口，一面招集兵饷。随有原任副总刘穆募兵五百，原任参将郑惟翰部札都司金裕乡兵五百，札委中军守备许耀祖左营官兵五百，绍兴卫指挥武经国义兵六百，先后驰至。复以饷薄，推萧庠、徐芳烈、何之杰数人措饷召募，随礼挂冠解印及绅衿秉义不出者，尤尊礼训导许士龙，谒聘廪生徐芳声。又以数百里长江，宜按地分汛为守。即以原募江船分散各兵，刘穆守潭头，窥富阳；郑维翰、金裕渡江守沈家埠，扼桥司、捍海宁；许耀祖联舰江中，武经国列营江岸；原任锦衣卫指挥使朱寿宜、指挥金事朱兆宪领自募义兵扼鳖子门；太仆少卿来方炜，兵部职方司主事来集之，领自募义兵扼七条沙；又以原任都司朱伯玉等募兵出奇游击。

宁波原任刑部员外郎钱肃乐率乡绅士民以起。迎浙镇王之仁于演武场，拜为大帅。之仁即于坛上迫谢三宾使捐万金为首倡。由是原任山西道御史沈宸荃、原任兵部职方司冯元飏亦起于慈，而越中大理寺寺丞章正宸等俱各纷纷自募义兵以起。

十四日，嵊县亦有好义者，偕僧众十余人至嵊城招兵，嵊邑裘尚爽尽杀之，与其党自募一旅以起。

台州鲁藩与台绅陈函辉、南洋协镇吴凯等亦杀北使大起，征兵措饷，头绪错杂，穷乡僻壤，无不骚动。

维时方国安欲入据金华，朱大典以兵无纪律拒之。方攻围数日，被破伤精锐，不克，马士英与乡绅姜应甲力解乃已。

于颖在萧，闻北兵曳内河船百余于河口，扎木排数十填土，有窥渡意。颖夜遣死士陈胜等斩筏沉舟，会后风潮大作，北舟碎而木排亦尽飘流泊南岸，各营恣取，众以为神助。

十六日戌刻，中天月食既，时军务倥偬，人莫推救，见者伤心。

自初七以来，日入后，赤气赫然从西而上，冲过天半，如是者旬余，为兵大起之象，占者以伏尸之兆，流血之征，是也。

廿一日，台州绅衿士庶共推拥鲁藩监国，以张国维、宋之普居内阁，陈函辉为詹事，张文郁为工部侍郎。国维仍管兵部事，乃告归募兵。以柯夏卿为职方郎中，又于嵊县山中征陈盟者再，盟辞疾不赴，而越中当事闻之，已俱有拥戴迎立之意矣。

时江上义旅新集，进取未卜，每念海宁、富阳，系浙东左右两大翼。海宁则有营官守备郑继武，所官千户朱大纲同僧顾隐石等合兵拒守，已曾阵斩北将王登镒，北兵稍却。富阳尚为北官郎斗金所据，于颖乃遣副将刘穆等乘夜袭之，擒其令，因通余杭之道。爰有余杭旧令加兵部职方司主事丘若浚，并瓶窑原任副将姚志卓擒余杭北令以应。时富阳未有守，义士王襄并贡士缪法信等率义旅请行，乃仍檄刘穆渡江渚清风亭，为富阳外援。穆兵甫至，而北骑突来，虽斩获数十人，而义士如刘肇勷之伤亡者，亦已十六七矣。此皆廿三日以前事也。

廿三日以后，定海总兵王之仁统领标兵，同余姚起义乡绅熊汝霖、孙嘉绩等，各督兵至西兴，镇东伯标下总兵俞玉、方任龙，暨监军兵部职方司郎中方端士，工部虞衡司员外骆方玺，刑部云南司主事史继鳝等，各督兵至义桥，江上军声因为渐振云。惟富阳守缪法信等拥兵抄掠，该邑苦之。于颖恐有变，七月初三日登舟，初四至渔浦，而富阳失守之报至矣。缪、王诸兵，望风奔溃，义士阮维新、生员王宗茂等，力竭不支，掷以乱石，亦死伤过半。幸颖再至而北不守，富阳仍为南有。

初六七后，绍兴赴义乡绅章正宸领自募义兵，至颊山汛守。宁波起义乡绅钱肃乐、冯元飏、沈宸荃等，各统义兵至西兴汛守，绍兴都统制大将军郑遵谦亦领兵至长山汛守。又总督浙直水师都察院左佥都御史荆本彻亦统领水师由苏松赴援，兵渐厚。

廿五日，越中大老及起义诸君子具疏敦请鲁藩监国临戎，乃发台州。原任吏部左侍郎陈盟迎于天台县，见，遂辞，不允。

八月初三日，乃抵越城，遂以分守衙署作行宫焉。

监国至越，以方氏有重兵，时首遣使召马士英，并召方国安，遂以马士英督其军。朱大典自陈曾于芜湖受弘光皇帝入阁之谕，乃即命以原衔防守金华。

时新政殷烦，诸司印纪多缺，以陈盟为礼部尚书，掌其事。人才匮乏，官多不备，盟为之普言，宜亟擢郡邑山林遗逸，之普不能用。

遣通政司谷文光偕御史白抱一犒师江上。谷文光故鲁藩长史，本起优童，无重望。至西陵，浙镇王之仁侮辱之，不为礼，并责内阁贪污不职，宋之普不自安。顷之，张国维募义乌八千兵至，乃起阁臣方逢年复入阁，体统渐备。

月内贝勒不复驻杭，率杭镇陈洪范、降抚张秉贞，拥惠、潞二王北去。惟留内院张存仁及总兵田荣等相据守。

时监国正病脾痛，自台舆疾至越，至则卧不可起。此时方国安统领总兵方元科、马汉等，水陆步骑从严州下，陆续至富阳，且抵江干矣。江上诸军请监国誓师甚急，不得已以十九日起行，驻西兴王之仁寓所，宋之普辞去。

廿五日，大会西陵，定沿江防守汛地：方国安营七条沙，马士英驻内江新坝，王之仁营西兴，张国维驻内地长河，孙嘉绩、熊汝霖营龙王塘，章正宸、沈宸荃、钱肃乐等上下协防，郑遵谦营小亹，于颖驻内江渔浦，北洋协镇张名振守三江，南洋协镇吴凯同副总刘穆据险策应，国安以其侄方应龙出余杭，方元科出六和塔，而自率师由江上接应。议既定，加熊汝霖、孙嘉绩总都督院，章正宸、沈宸荃协理寺院，钱肃乐金都御史，于颖巡抚浙江。又复派饷。在朝不置户部总饷官，谓以浙东诸郡赋供应诸军，不患不足。金华八县，为张国维、朱大典两督师分割，方国安食衢严并绍；王之仁原自定海来，食宁；吴凯原自临海来，食台；诸义旅各食其邑。余者听凭解部，以便区分，温处两府佐之。

廿六日，祀钱江，监国以病不克赴，命方国安代。至夕，国安又不至。

廿七日，乃令张国维行礼焉，大宗伯陈盟襄其事。至坛，肩舆扛折倒地。国维腰玉损，冠坏。

九月初三日，监国还萧，加方国安镇东侯、王之仁武宁伯，并加郑遵谦义兴伯。

月初旬内，江上诸藩镇文移往来，突称洪武。乙酉，大宗伯陈盟具疏改正，奉旨俱允。

又祀江后，加江神张侯封号为灵应公。

时元科破北兵于五云山，遂扎营于六和塔。

十一日，北兵来冲，方国安顺风扬灰，伤北骑目，斩五六百人，称大捷。北兵并力攻余杭，方应龙不能支，被获，城陷。北兵复乘夜纵火烧六和塔木城，方兵却，于是专以舟师往。

是时江东兵势尚盛，间或渡江进取，然暗于训练，统领不一，议论参差未齐也。王之仁主守，方国安谩言取省会，熊汝霖忠勇过人，锐甚，不论大小，往往率其旅以战，必为北所首冲，虽败不悔，亦不挫。其余诸营，战守不一。

义声四布，三吴来归者先后。时有海宁庠生顾名佐首渡请援，查继绅同弟一榜查继佐，及海宁所指挥姜国臣等偕来，通平湖贡士马万方，手刃平湖北令朱隆国，同定远将军陈梧起义于禾。事败，浮海而东，效秦庭哭，倡西征策，而起义方兴之陈万良则多率壮士以梗北兵，北亦患焉。熊汝霖亦以江面仰攻，不如内地做起，慨然以书币聘，于是万良来。

先是，唐藩即位于闽，改元隆武，江东起义，监国不相闻问也。于时闽臣刘中藻奉诏书至，又卢若腾、郭贞一奉隆武抚按浙江，而温处两府置官据守，取饷三十余万去。朝中江上，大率与者半，不与者半。与者以为圣子神孙，总为祖宗疆土。今隆武既正大统，自难改易，若我监国，犹可降心相从，而不与者以为彼去北远，幸得偷安旦夕，而我猛臣谋将，血战疆场，以守此浙东一块土，似难一旦拱手而授之。所以诸臣坚拒者，有"凭江数十万众，何难回戈相向"之语。不与者为张国维、陈盟、熊汝霖、王之仁等，与者为方国安、于颖、孙嘉绩、姚志卓等。朝议命使通问，遣科臣曹维才，职方郎柯夏卿往。不用疏奏，止叙家人叔侄礼。

十三日，监国归郡，而与者诸公乃于十月朔日竟开唐诏于府堂，乡绅家祁鸿孙等复以兵卫，江上诸营亦多奉表归命惟谨。是日陈盟以疾解礼部去。

月内草木非时而发，花尽开。

斯时大军云集。自起事以来，浙东蜂拥之将，不可胜纪。人尽招兵，人尽派饷，甚且抄掠频闻，搜括殆遍。犹取投北者括其财，继则富家大室及农工商贾之人，靡不推索诛求。题官送札之类，种种恶套，转相效尤，日甚一日。愈竞愈巧，愈出愈奇。而诸营曾无厌足，尝称匮乏。识者知为不终朝之计，而实亦莫之能挽也。王之仁原食宁饷，因其子王鸣谦防守定关，宁饷多为所留。于时西兴营兵称匮乏，之仁乃首攻吴孟明、金兰、姜一洪、张六□四家，令各出十万金相助，遂有以赂钻入他营求庇者，于是派助之议起，而方国安之营加甚焉。更且大小相欺，强弱相并，如都督佥事裴尚爽，原以嵊兵食嵊饷，而淮抚田仰从海上来，乃遂分派一万，而方国安中军定南伯俞玉又欲分十之五以饷兵。开远伯吴凯原以台兵食台饷，而总兵李础夺派黄岩，长史谷文光坐派宁静，国舅张国俊坐派天台，而张总镇及本道标又复坐派临江，并吴凯之兵无仰给。孙嘉绩、熊汝霖，原以姚兵食姚饷，而靖江伯王鸣谦提兵至姚，欲其尽供王用，不听支取。至于定远将军陈梧行檄西征，问渡东海，移镇临山，奉旨撤回，终住余姚，杀金吾张岱之子张钺，尽取金帛妻妾而有之。总督水师荆本彻奉命西征，不过浙西一步。而权取宁饷，打粮屠毒蛟水，几无安堵。临数百里地面，则尽为方国安诸营，札取屋庐作寨房，门壁烧营火。今日卷东，明日卷西，以致室家离散，村落萧条，有难一二道者矣！然而江上诸师志犹奋锐也，枢辅张国维慨订战期，欲以初八日始，有连战十日之约，方国安诸藩及张国维兵司上流。

初八日，熊汝霖与监军寺院陈潜夫合营并进，副将诸卢崇等为先登。

初九、初十，则总镇史标及游击魏良等为血战，刀枪剑戟，兵刃相加，对射对杀，应弦而倒者，北日以数十计。

十二日，镇东监军方端士上岸疾驰，挽强射北，发无不中。晚，孙嘉绩兵罗应魁深入放火，被获，缚见北院张存仁，不杀，书示数纸，遣还送熊汝霖营。又令一使持谕帖遗之江干，乃致瓶窑姚志卓者。

十三日，北兵大至，营兵悉奔，而端士犹与监纪推官何之杰、都司郑大道等互射不休，其余孙嘉绩、钱肃乐、沈宸荃、郑遵谦等，皆亲冒矢石，枹鼓率先。

十四日，钱肃乐前锋钟鼎新等用火击死北穿绯衣者一人，副将吕宗忠等直抵北营，伤北数千，又游击俞国荣等直抵张湾，获器械，沈宸荃标下都督金事姜克复等，过张家嘴救塘一带，兵甲向用红，是日恐北备，尽翻变白。先令数十诱北白标十余骑来，前锋将鸟嘴杀之，即有六七百骑张两翼夹冲，诸下用火多击死。收营，复有三骑马上射。先锋沈国忠、沈明俊，赤身跳岸，亦用铳击死。

熊汝霖、总镇史标等渡江埋伏戈弩，北三十骑来游击，魏良等杀死。北怒，即统数百冲阵，至伏所戈弩齐发，先倒旗纛将一员，随毙北数十。暮复益□百余骑至，汝霖偵熊茂芳张弓射马，又倒北三□；丁黄奇又倒□一；史标开大炮，应声连倒数十炮手；龚遂亦发炮冲北一路。自初八以来，诸师无日不战，亦无不胜。

十五日，北以上游缓，北骑独多于此日，不意上游毙北，亦独多于此日。是役也，诸师之气鼓壮，实为诸义旅江干以来战功等一，不及十五日而止。

若夫浙西之师，初十日于四通桥相冲杀，至塘栖北，复有杀伤将士，获陈万良妾。

十六日又来，万良登岸夹击北军，被矢炮落水，死伤甚多。其家眷，幸熊汝霖拨副将徐明发等至，力敌北船而免。

十九日，熊标总镇徐龙达以兵三百会。

二十日，杀临平□务官。日午，扎北陆，追烧粮艘，并擒坐船官杨清。北援至，监军金事鲁美达同旗鼓蔡镇祥，迎战截杀。

廿二日，扎五杭。北嘉湖道佟率众千余来，徐龙达拥舟师相对敌，陈万良据高桥用炮石，徐明发取干草发火器。至午杀北军百余，焚座船二，夺小船二十余，大炮四，铁甲三，弓三十一，刀枪一百四十件。

廿三日，扎新市。

廿四日，进双林。

廿五日，至吴江，□有斩获。

廿七廿八，自五杭退临平。

廿九，至大开河，北正截击，而熊标接渡之舟至，乃济江。说者以官义之师列长江数十百里，九头八目，勿克如指臂之一呼群动也。奈何？莫若效汉高祖用韩淮阴故事，乃克有济。

十一月□□日，筑坛于冠山绝顶，拜方国安为大将，总统诸营，令辅臣张国维代监国推毂。是日，旌旗蔽空，车马如织，北望亦惊。顷之，进方国安荆国公、王之仁武宁侯，江干诸将与扈从诸臣前后封伯者三十余人，挂将军印者一百五十余员。行间骄悍之夫，躐取而上，府衔镇体，肩舆黄盖，相望于道，而文士进身者亦便欲速化为部曹台省，甚有鄙薄县令郡守，谓不足为。名器滥觞，至此已极！而又官义相仇，文武异志，如武宁侯王之仁，心本忠贞而迹多可议，西陵纳妾，获间遣归，勒榜追饷，而量敌讳战，人每疑之。以致于颖、孙嘉绩、钱肃乐等啧有烦言，之仁愤甚。一日，会马士英于潭头，于颍适至，之仁拔剑而起，颍几不免，幸士英以身覆乃已，由是揭参诸臣不已。孙、钱不安，欲以兵归吴凯，而协理台中，沈宸荃、陈潜夫，与监军参议方端士，见同事欲散之。且额饷无凭，欲以兵归总督义师之熊汝霖，而亦起退听意。朝廷为之慰勉乃止。其余如总镇刘世□与标枢争寓于长河，王捷殴御史刘明孝于官街，而方标定南伯旗鼓辱巡盐御史李长祚于营上，率以为常。

自拜将后，大小十余战，无败亦无胜。

十二月朔，北伏内墩，张国维发总兵赵天祥、张世凤，与熊标同进，上下深入，北莫敢冲，亦莫敢尾。独监军方端士与北值，裹疮酣战，斩馘擒骟而归。

众议以为北何尝不顾虑，特我不能一乃心力，所以一处进战，一处退休。此皆由于大将期会不信，调度不灵，故缓急有不相应之势耳。

十五日，监国复至萧，乃议分门夺入。定期以二十四日丑时，官义齐会，水陆竞进，以王□俊奉命为督阵使，遍历诸营。上流五云一带，如正阳、钱塘等门，则方国安、张国维所分也；下流姜家嘴一带，如太平、艮山等门，则王之仁、熊汝霖、陈潜夫等所分也；再下则章正宸、孙嘉绩、钱肃乐、沈宸荃、方端士助之；最下则吴凯、郑遵谦等复助之。是日，北亦大费区画，议背城一战以决胜负。孰意大帅无筹，惟知督促而前，深入陷中。北佯败，引方兵径进，北乃以一枝从万松岭截其军前之精锐，不得出，后无救援。而纷纷败走之徒，且扬帆直归本营，二三千选锋，尚可策应而为转胜之兵者，乃竟置之不题一字。方国安惟知痛哭，一筹莫展，而诸下亦莫肯为数千人出一议者。惟是威远伯方元科兵最号雄武，而又泥于术士之言，始终按兵不出一旅，方且以幸全为得计。虽下流熊汝霖等冒矢石，躬亲督战，北亦狼顾胁息。然而胜者自胜，负者自负，于斩将搴旗终莫效也。南兵杀伤更多，江上军声为之大阻。自此以后，遂不复频言陆战矣。是时淮抚田仰带兵数千从海上来，遂命入阁。

丙戌元旦，江上王之仁同诸臣先期奉表劝进，监国哀思孝陵，惨动颜色，涕洟不允。改元颁历，称"监国鲁元年"，江上诸藩镇次第来朝。

初六日，监国乃归越。

初三日，连日复渡，扬帆而进，北以飞炮御之，每半渡，噪而返，若游行者然，间或有歼，亦无几也。时□游急，方国安移镇焉。婺饷缺，张国维暂归矣。其余义旅无船无饷者，或归瓜沥，或住民房，或扎内地，虽各营俱有留守，而真正任事者，惟西陵王之仁、龙王塘熊汝霖及小亹郑遵谦耳。

又浙直总督水师荆本彻与肃靖伯黄斌卿手书塘报

云北以千艘将浮海来。命议东守，乃移孙嘉绩于临山，移于颖于三江，移钱肃乐于沥海，移沈宸荃于观海，西兴小亹一带，益孤弱。又闻北掘河自赛公塘至江口，为移船出江计；又遍搜废铁，多铸铳弹，实有东渡心。熊汝霖乃乞海上总兵张鹏翼，及熊和二将之在余姚者，令以舟师来听调发，又复令人西渡，觅将才余五化。

二十七日，熊总镇史标，同台中陈潜夫、副总裘尚奭，及方国安所拨总兵方任龙等，移炮登岸对击，舟中大炮继之，毙北数十人。后方船阁浅，几为北及，赖监纪潘澄等炮矢发，北乃去。盖北之长技在骑，而南所恃者舟楫，惟虑水退船胶耳。陆战数为骑所冲，实不能驻脚，辄复奔而□乱且溺。水战惟恃铳炮，然江面夷旷，荡漾波心，北已凭高望，纤析毕见，南樯帆动，北已持满待矣。况复有胶舟之患，故或者谓形见势屈，非计之得。若但长此相持，诚恐变出意外，雌雄无久不决之理也。所以熊汝霖诸人，谓宜以江上为正，缓其重兵，而别出奇以挠之，非浙西诸路之兵不可。况起义以来，愿内应者多，而受朝廷之爵秩者亦不少。吴江吴易则受浙直总督矣，朱大定则受监军矣，钱重则受监军兵备，海宁查继佐则受兵部主事，而其兄查继绅则受监军兵部矣。其余如张贲孙之受兵部，及平湖马万方之受兵部司务者，不可胜道。由是长兴则有总兵金国雄，德清则有总兵庞培元，太湖则有总兵沈泮，双林则有总兵陈恭贤，乌镇则有副总杨维明，而海宁所指挥姜国臣，联络旧辖官丁，暗结都司姚钦明与指挥满维城，又董延贞集船百号，托以贩盐，专待策应，而德清监纪孙奭及海盐参将朱民悦，结连澉乍两浦并盐邑中后二营，瞻望王师，有如云霓。

　　二月中，熊汝霖令总兵张行龙、朱世昌，皆亲历各营连给之，而以陈万良为首领。晋平吴伯，锡以敕印，赐以蟒玉。金都御史吴易以密书潜订期纳崇德，原任礼部主事曹广全□南来，知长兴、宜兴密报恢复，吴江、嘉善近复底平，皆援剿浙直副总沈镇、徐桐生佐吴易受朱大定指纵之所为也。又广德瑞昌王亦率敢死壮士以待，人心思汉，引领西征，以日为岁。熊汝霖意专志决，大声疾呼，欲由宁盐直捣嘉湖，截北粮道，而又虑嘉禾为苏松往来之冲，虽取未必能守。而湖州接连太湖，长兴吴江义师屯聚，王师一至，如响斯应，实为奸北第一要著。踞北肩背，计无出此。然必得劲旅三千，半月粮饷，发付万良，以凭调用，庶机会可乘。而当事憒憒，了无筹算，惟日以江干打仗自愚，不足以慰思汉之人心。熊汝霖又兵不满千，无可抽拔，而饷又减口，以络陈潜夫之兵，不能挪借，虽日与各营商之，亦褒若充耳也。

　　朝议开科，兴文教，饰太平故事。改提学道为提学御史，于二十九日令诸郡县大试生童。是日武宁标取萧山明伦堂钟去，以备中军用。

三月朔，西兴营王之仁邀荆国公过饮。未午，有数艇从上流下，之仁以为国安舟，自往迎之。及前，乃北艇。仓皇间已有从水泅来，扳舷欲上者。其小童忙以酒瓮撞其头，泅者堕水死。急命发炮，持火者颤不能举。之仁手刃其人，自引火发之，碎一舟，余艇竞绕而前，势甚棘。之仁舟高大，操舟者乃力回柁转，尽犁翻其船，溺入水，生得数人，以捷闻。北自是不敢轻渡，而之仁之疑亦尽释。盖自去秋来谤毁满路，惟熊汝霖深信不疑，至是以孤舟力敌，而之仁心事始如云如日矣！江干诸旅莫不称快。

是日，闽中遣使臣陆清源赍三万饷犒师，江干诸师皆有分额，独遗王之仁及马士英，以之仁前有降北嫌，而马士英则以权臣误国也。故隆武于登极诏后备录士英恶罪，置诸不赦，马士英深衔恨之。时适统师在江，乃以是事激嗾之仁，之仁怒，遂抢劫其舟，以煽惑诸军为辞，置清源于水舱。久之竟灭其尸，莫有问者。

先是，九月初，北破徽州，起义乡绅金声被获于绩溪，至是闽阁部黄道周以兵来援，至开化，北掩至，遂袭之去。由是窥衢严甚亟。时守衢者，永丰伯张鹏翼弟张继荣御之，战殁。中军沈桂甲骂北穿舌而死。守严者总兵顾应勋等兵单且冲，咸告急。荆国乃令威远伯方元科率总兵马汉等往援，力战却之，遂底定。

月中，署余姚令职方司主事王正中集兵千余，渡海而西，抵乍浦。北射城头兵，踉跄损失而归。会稽令查嗣馨不畏强御，有方兵打粮被获，命民集柴以火烧之。萧山令贾尔寿牧民御众有长才。时兵集江干，萧特苦，尔寿抚循若更生，诸藩镇亦弗憾。既加兵部职方，方端士又荐□各营军。定海令朱懋华抚兵戢民，调御得术，熊汝霖荐加兵部职方司。

月终，仍复议西征，陈万良新募千人往以山，会上虞折差银三千两抵作西征费。先遣监军佥事胡景仁密备船只，至无一舟，以致监纪推官严士杰、副将来时桂，分头陆进，前标冲散。至落瓜桥，陈万良躬冒矢石，斩北焚粮，逼德清城。兵破，德清助义民兵先溃，总兵徐龙达死焉。

四月初六日，东归。

浙西总督吴易兵至海盐，杀北令。北院张存仁亲至湖州，檄四府会剿。浙西义旅，多被冲散。熊汝霖闻之心胆裂，乃仍多方鼓励。开远伯吴凯身任浙西监军，陈潜夫、方端士欲与副将沈维贤由江径渡，宣义将军裘尚奭愿分奇兵五百，令副将谢国祯从间道往。定远将军陈梧带兵千余，间渡临山，永丰伯张鹏翼亦听调集。而廷议游移，分头错乱。吴凯奉旨留守温台，张鹏翼奉旨赴援严陵，陈梧不奉纶音，毒害地方，[余]（灵皋按：原本作"被"，今依文意改正）姚令以民忿见杀，裴尚亵旋尔因循，陈方两监军亦各思星散。讫无定裁，似少专决。

武宁侯王之仁再疏荐陈盟入阁。命下，盟再三辞，且言诸藩镇虐民之害，兼列朝廷门户之非，意欲尽捐夙习，然亦不能行也。

十六日，定海总兵张国柱部曲之慈溪、余姚打粮，为后海百姓杀伤甚众，兵焚民居而去。国柱本高杰标将，浮海来，为定关帅王鸣谦留置麾下。其实跋扈骄悍，王不能驭，亦殊苦焉。时总督浙直水师荆本彻亦扰害地方，为肃靖伯黄斌卿所杀。又阁部田仰及义兴伯郑遵谦，因夺寓争哄于殿。太监客凤仪兵助田仰，欲手刃遵谦于殿上。甚至矢炮相加，杀及平民，震惊天阙，人甚骇之。

五月初，进王之仁兴国公。

建言者谓西征奉命久，升爵多，诸将迁延误事，宜罪伏钺以示警，庶可督促起行。然刍粮未备，舟车未集，兵帅未选，训练未行，徒冥冥举事，以资谈讥。陈盟入阁，亦主西征。乃定议分水陆二路，以肃靖伯黄斌卿、总兵张名振从海上入黄浦，取苏松，与太湖合；以平湖马万方监其军，以督师阁部张国维率平原伯姚志卓、张名宿等从安吉、孝丰，出湖州、广德，与瑞昌藩合。以方端士果敢有为，加金都御史，抚治浙西，加兵部职方司主事，监其军，内廷一人主其事，一人主饷，渐有端绪，而警报至矣。北前取沙船，自内河开坝通江，尽数出渡，□声甚亟，其地正对小蘁。时各营皆饥，而义兴尤甚。其饷已经定南伯俞玉分取，至是竟有毙者，方议调吴凯兵防守，而已无及。前北抚萧启元初至武林，便欲必渡，为沉舟破釜计，云："能渡则渡，不能渡则散！"其窥渡之意甚决。又加北来新兵尽至，帐幔弥空，遍营六和塔上下，一望数十里尽白。乃移炮聚一处，对条沙轰雷震天，声势甚盛，上下并急。

二十一日，金火战于昴度，又相犯太阴。

二十六日，太白经天，连四五日。

是时亢旱久不雨，江潮不至，上流涸。北犯富阳。北峰山守将潘茂斌等败走，涉水而东。先是，乡民导北渡江，云浅可涉，北犹豫未敢行。至我兵涉者仅及马腹，遂以数百尾渡。从碛溪过江，行十里许，至柴沟营焉。此二十七日事也。

江上方国安兵将皆有家，家于船。二十八日闻报，国安传令二更并船，三更起火。亦愤将士不尽力打仗，皆由系恋家眷，浪言尽杀营头妇女稚子，遂散各营将士。诸营亦不顾命，争挽船入坝，哗甚。威远伯方元科以兵不宜散，又连杀二三人，但荆命已出，不可复止，亦遂遣之。潭头七条沙一带，营头尽散。

二十九日，越城闻报，时江上诸营俱未动，北渡者少，似可并力御止。陈盟犹劝监国作亲征六诏，飞递江干，不意申刻方国安家眷已漫塞越城内外，而江上诸营亦无固志矣。城中于方兵至，知北兵已渡江，争欲去之山间，方兵不容出。

三十日，提学御史庄恒犹复试诸童。卯刻，监国发宫眷。国安至，犹云守绍。顷之，并监国亦行矣。是日之暮，北兵始至河桥。

先是，二十七日，吴凯自台州至，遇变，遂走诸暨，后死焉。

萧山株墅翁逊字大生，向与陈潜夫、熊汝霖共事。至是闻碛溪渡，方氏先溃，江上军无固志，翁扼腕甚。白陈请再视江浒，沿江上下，疾走数百里，壁垒皆空，还谓陈曰：“国尚可为乎，南北沦陷，不意又及江东也！皇皇欲何之？我将以钱塘江潮荡我郁愤也！请先辞去！”遂跃入大江死。

六月初一夜，北兵追方国安于蒿坝，方元科殿，之小江，杀北数人，暂停不前。

初二日，诸暨庠生湄池傅日炯字中黄，走门人何綮炳斋头晏诀，悲歌浩叹，作《绝命词》曰：“国耻未伸，母命如线。势不可为，发肤将献！蓄固难存，剃亦羞见！赍志已濡，死不当殒！”其母钱氏知炯之殉难也，特来戒其酒，恐人以炯为酒误也。炯受教，送母归。冠孝巾、服麻衣，往宗祠别祖父，又归别其母。母躬具酒肴，命幼孙持浆满觞而三酌之，庆慰备至。至末觞，则跪而勿饮。母诘之，则曰："子乐母戚，是弗忍饮！"母曰："儿饮！予勿戚也！"遂饮之。炯更涤觞酌献母曰："愿我母无楚于家！"母复笑饮之。母子劝饮半日。炯乃扶母上坐，四拜永诀而出。炯回顾母，母亦顾炯。母又即命曰："儿勿顾！"于是竟往江浒。忽忆江中有石名曰"又罗石"，其形挺直，其平如削，又高歌曰："世污浊兮湄江清，人善时兮罗石古！惟伊人兮客何方？逍遥此兮石上旅！"吟毕，投入江中而死。次晨，乃果于又罗石上获尸以归。

诸暨湄池儒士傅商霖闻中黄死，吊以四诗，其四曰："我门忠孝代多人，清史鸿标蜡烛名。今得吾昆相继美，湄江湄水古今清！"又《明志诗》末有曰："但顾谱书明末子，不欲吾孙说国初！"又歌曰："人类尽，三纲绝！世尽甘，予心裂！幸父葬，母已穴！妻虽有，固可撇！子即幼，亦难说！正衣冠，笑而诀！"又愤歌曰："忆昔高皇我太祖，扫除之功驾汤武！礼乐文章冠百王，纪纲法度优千古。贻厥嘉谋淑后贤，代有明王继九五。念我先皇十七年，何时暂解茹荼苦！由藩入践不逾时，逆珰授首威灵斧。亲秉文衡擢俊贤，免税蠲租施利溥。夫何贼寇日交讧，杳无南□与山甫！恨杀八股腐头巾，彼此相蒙成地府！幽暗昏昏局莫开，贿赂相通拥子母。事君不念地天恩，苛虐小民实如虎！贪儿十万启边关，卖国通天罪难数！呜呼臣已不成臣，闯贼缘何不跋扈！一朝窃发逼神京，果尔诸臣咸拜俯！若无先帝社稷殉，哭杀明朝一代谱！"中云："南都建主鲜若明，又值权奸肆簧鼓。耽财嬖色复沉湎，日夜君臣只歌舞。贸官鬻爵不资偕，卖菜佣儿亦膺□。戴天不共置罔闻，政事纷纷日旁午。"又云："潞藩一叶仅线线，修斋诵经何其□？冠绅尽是楚猿猴，武弁原来奴仆夥！江东虽小亦可兴，生养教训鲜越佐。拥兵朝夕惟虐民，谁思尽忠报皇祖？致使神州尽陆沉，哪讨一块干净土！"后云："然而大厦既云倾，一木难为柱与础！况我书生甚藐焉，作辞敢仿《离骚》楚。惟尝清夜自思维，幼曾读过邹与鲁。兴王后史采民谣，或者不尽废狂瞽！"既作歌，不食而死。

初四日，北兵至暨阳。

马士英携家眷匿嵊县大岩山中，居数日，入四明山之金钟寺剃发，北至出降。北尽杀其兵于林中，令骑一驴之台州招降方国安。国安已渡黄岩，与北隔江。北白标先至，方元科欲尽杀将士妻妾，决死一战。国安犹豫不忍，北兵抄出后路。马士英适至，为先容，诸军一夕圆帽成，发尽落，头尽白，人尽清矣！方国安出，方元科等亦降。

鲁监国浮海依肃靖伯黄斌卿，江上熊汝霖、郑遵谦、钱肃乐、冯元飏、沈宸荃及平湖马万方并张肯堂、朱永佑、吴钟峦等相继共依焉。阮大铖早与北通，北以内院处之，至是竟出。

兵部尚书余煌字公逊，号武贞。先乙酉六月，北檄诸绅朝见，余独不往，书数语曰："膝不可屈，发不可披，飘然乘风，孤竹之遗！"复遗命不择美木，以先帝后不即梓宫，两尊人皆杉槥耳。殓以时服，祭以小腥，不作空王事，不祀乡贤，不刻文集，不求志铭，不从形家言，石碣上止书"明高士余武贞墓"。至是初四日到渡东桥，命仆以绳系身，曰："俟气绝，即移尸在岸。"仆收绳急，余不死。喘息少定，开眼叹曰："忠臣难做！"复跳入桥下，乃死。

山阴朱玮，字鸿儒，年二十四。兵溃，从父祖壁兵梅里尖墓所，辄正壁坐泣，间语曰："人畏兵，我不畏也。"家人疑而防之。初四日，故称剃于招提，还舍，整书冠，书箧逸去。其家索之，林舍俱无，走野扣灌夫，灌夫曰："顷见少年望墓再拜，直往河上。"迹之乌有，父号于塘曰："明将徙家于项里，宁守魄以罹祸，抑弃骨以远难！"三号，涌而出，角巾僵立，有似生焉。

山阴文学范史直，字域之，原名于晋，负石投江。初五日，监军御史陈潜夫，字元倩，旧讳朱明，兵溃，归寓小赪，作《绝命诗》曰："万里关河群马奔，三朝宫阙夕阳昏。清风血泪苌弘碧，明月声哀杜宇魂！白水无边流姓氏，黄泉耐可度寒暄。一忠双烈传千古，独有乾坤正气存。"同妻妾孟氏赏月于村之孟家桥，两夫人先联臂而入于河，然后先生从焉。观者数千人，先生犹与两岸人拱揖而别。

御史何弘仁血诗题壁曰："有心扶日月，无计巩河山。化作啼鹃去，千秋血泪潸！"殉难于旅邸。

御史沈履祥督饷台州，北兵至，送监国入海。同总兵张廷绶、李唐禧入山。当事询知，逼剃不从。诗四首失。受刃死。张、李亦不剃，同时殉焉。

兵部职方司主事沥海所高岱，号白浦，次子绍兴庠生高朗，字子亮，同欲殉难。朗肃衣冠泣拜曰："儿不能待，当先期以俟。"白浦瞠目送之曰："尔能先我！尔能先我！"朗命仆驾一小叶之海口，翻跃入涛，仆力援不能解。因啮其臂，痛甚乃放。岸帻浮去丈许，复跃以手捞，整帻而没。白浦捞尸殡讫，遂绝粒，犹饮汤水。至七月，闻朗生遗腹子，甚喜，欣然命取酒三杯饮之。自后虽汤水亦不入口，饿而死。

礼、兵二部尚书詹事台州临海陈函辉，字木叔，别号椒道人。生时，太封翁梦杨椒山先生降临，故字号从之，号小寒子。乙酉六月，举义台州。丙午五月，事坏，入台之云峰山。其峒岹有碧潭，愿为止水，感而作诗曰："骚经何必读灵均？山鬼空潭啸旧臣！落日湖边芳草冷，城东樵者是前身！"又曰："眼见两都轻一掷，孤鸿何处觅安巢？"初九日，作自祭文：

为乙酉六月以文自祭也。其时祭之而不克死，投水者一，投环者再，逮赴槛车者数数矣。遇监国立，遂破家起义，同志者共十五人，赖高皇帝之灵，佑我哲王，誓师于越，张、王、熊、吴诸文武相与夹辅帝室，如支覆屋，仅及一年。天不祚明，闵凶复告，播迁出走。予依依内殿，主上命从小路前发，急走还寓，见诸仆已携袱被出，驰至五云门。目睹陈、谢二相公皆被截回，遂转至稽山门。士女流离，逃兵载道，干戈刺体，即自间道过上若，穿岩岭，下潘墩，抵天台之远村，道经寒山古寺，于洞侧遇一老衲，谓："居士识本来面目乎？生死，释子看得轻；忠孝，儒门看重。尔二事皆了了，亦可以掉臂竟行矣！"予拜受其言，起而忽不见，恍然与素心合。复从何彻龙潭，于小海门问渡。黎明，抵台西郭门外，而各营焚劫，城门尽闭，咫尺不能谒天颜。哭而入山，因得至云峰读书故处，此予缘也，亦予命也。山上有池，可以殉国，人恨不得其死耳。为本朝死，为故君死，为寸丹死，为见危授命死，夫子曰"守死善道"，然则此日之从容就义，体受全归，亦孰有善死如予者乎！空山无棺，白茅可束也；空山无人，山鬼可招也；空山无葬祭，麦饭可供也。予自甲寅读书此山，与湛明大师相往还三十年。今湛明以四月先逝，塔于是峰之腰；予以六月殉亡，埋于是峰之脊。亦如远公、渊明、了元、东坡可以相视无愧。客冬出使温处，读先正《尊乡录》，宋之亡也，吾台死难六人，以王琥为最，而不仕者至数百人。靖难之变，王叔英、卢元质诸君子称八忠，而方先生以十族湛夷，此古今第一烈性男子。每尝拜其祠下，阴风飒飒，今亦可以追随而无憾于心矣。顾所愿慕者彼樵夫也，夫不知其姓氏，瘗骨东湖。予自誓孤肝，流尸峰沼，魄沉于渊，魂升于天，意犹恋此名山。自兹以往，一坏之遗骸在丹碧，尚诩乎本朝。迨夫天下既平，悯忠不少，后之好义君子为予筑土岭上，肖像高山，庙貌长存，僧伽共护，则羊公有言：吾死后魂魄犹应登此山也！况乎埋骨栖身于古佛山灵之侧者乎！吾作此文时以代祭也，倜恍写成，不暇增饰一言，点染一字，但知写我平生一片心。世缘已断，爱河已离，亦无依恋，亦无挂碍，亦无恐怖悔吝。此一潭水，明月在天，世世生生，长伴禅林钟磬声，后之诸友与两儿来哭时，可以此文写一通焚之墓前，再以一通质之天下有心者！

夜即宿湛明禅师房内。漏下五，作六言《绝命词》

十章。序云："乱离无诗韵，皆信笔口占，将死才尽，亦聊以告天下诸同志云。"一曰："生为大明之臣，死为大明之鬼，笑指白云深处，萧然一无所累！"二曰："子房始终为韩，木叔死生为鲁，赤松千古成名，黄蘖寸心独苦！"三曰："父母恩不能报，妻儿面不能亲，落日樵夫湖上，应怜故国孤臣！"四曰："臣年五十有七，回头万事已毕，徒惭赤手擎天，惟见白虹贯日（前有白气直冲肩舆）。"五曰："去夏六月廿七，今岁六月初八，但严心内春秋，莫问人间花甲！"其六阙。七曰："斩尽一生情种，独留性地灵光。古衲共参文佛，麻衣泣拜高皇。"八曰："手著遗文千卷，尚存副在名山。正学焚书亦出，所南心史难删！"九曰："慧业降生文人，此去不留只字。惟将子孝臣忠，贻与世间同志。"十曰："今日为方正学，前身是寒山子。徒死尚多抱惭，请与同人证此！"又《别亲友》诗："故国千行泪，孤臣一片心。"诸僧索遗言，走笔留八十句，中有："叔世君臣薄，其道变为市。麻衣不草诏，所争惟一是。东湖樵夫亭，芳名佩兰芷。头白谁百龄？汗青自十纪。"

又作《小寒山子云山埋骨记》曰："此一副骨头，半生肮脏，百折英灵，只成一个'寒'字。山寒而龙蛰之，人寒而星岳依之。归骨兹山，其天定也。记予自甲寅始读书山中，五月披裘，闻钟发省，昕夕相对，恒得湛明诗以寒印其寒。如寒潭之印秋月。而今间关重茧，只身归来，家园付之一炬，寸丝不挂，瓶粟多捐，仅有古寺旧友诸衲子，为之诵经下锸，而二三义仆辈感主人之死国难，痛哭再拜，以寒泉一勺奠之。妻孥散亡，世缘已断，不植不封，无烦改卜。以此贻同好，待我儿见孤臣魂魄之所依，与兹山相终始！"

外有豫知后来启棺视殓者为杨衙官，与书一纸，且赠二金，置佛炉下，自书神位，肃冠服遥拜君亲，乃拜佛像，投寺门池中。不死，起而索卤，又不死，起而复命诸僧绕佛前环诵，身坐湛明和尚故禅榻中，自经死之。一手握尚书印，一手握扇及素珠，此六月二十三也。其笔砚书纸皆命置棺中焉。

阁部金华张国维，号玉笥，兵溃归，有《绝命诗》三首，一曰："艰难百战戴吾君，拒北辞唐气属云。一去仍为朱氏鬼，英灵常伴孝皇坟！"二曰："一暝纤尘不挂胸，惟哀鳌母暮途穷。仁人锡类应垂泽，存没衔恩结草同！"三曰："夙训诗书暂鼓钲，而今绝口不谈兵。苍苍若肯施存恤，秉丰全躯答所生！"自缢死。

阁部金华朱大典，号未孩。乙酉，北兵至杭，退守金华。方国安溃师欲入，先生不许，相持久。国安精锐，大半耗于城下，金城得全。以是国安陈师江上，朱师不出金城一步，只自料守备之具。至是国安降，欲首先效力，导北兵以大炮攒打。七月十六，城破，屠城，朱合家焚死。

金华总兵山阴吴廷璇，字瑞玉，赴火死。先是，吴与夫人傅氏约，城陷以手帕为质。至是手帕来，傅氏亦自经。

武绅徐日舜，号五人，西安人。向累功至贵州游击，监国授扼华军门。城将危，犹巡城，被获。大骂，穿舌而死。

金衢兵巡道黄金钟，七月二十九攻城，八月初二城破，被获不屈，骂而死。

楚通城王，城破被获不屈，云："金枝玉叶，惟有死而已！"杀而死。

江山知县方召□，直隶宣城人，平时轿前两牌，云："不爱钱，不惜死。"北兵至，正衣冠拜阙，怀印投井死。

衢州通判谢□□，城破，正衣冠自缢。

兴国公王之仁，号九如，江干事坏，驾船驱家眷入海。穿蟒衣，乘大轿，直入南都。当事使人押，王笑曰："谁使吾来？吾欲死得明白正大耳！押我何为！"谈笑从容，出入自若，衣冠不剃，有《绝命诗》二律，一曰："黄沙白浪起狂飙，力尽钱塘志未消。半世功名垂马革，全家骨肉付江潮！诗题四壁生如在，大笑秋空死亦骄。三百年来文字重，只今惟有霍骠姚！"二曰："通济桥边独步时，国门惊见汉官仪。欲将须发还千古，拼取头颅掷九逵。死后只应存剑铗，世间终是有男儿！瓣香拈起寒霜劲，白日含愁不敢悲！"杀于南都大中桥，从事八人亦俱死。时人以大中桥改为"大忠桥"。

　　一年之中，浙东情事大约如是，其一代人心风俗，概可知已！又有海外舟山、闽中事迹，当另录以续入可也。兹不赘。

庚寅始安事略

[清] 瞿玄锡

庚寅始安事略

先是，丙戌秋九月，延、汀之变，传自东粤，彼中士大夫渐鳞集端州之江浒。时先太师内召未赴，停舟于此，将一年矣。与粤当事丁、吕诸公，拥戴桂藩四子永明王即大位于肇庆，以明年丁亥为永历元年。未几，清兵入广城，皇舆西幸，寻驻跸全阳，先太师改膺留守桂林之任。

会有东阿县任[于]（灵皋按：原本误作"子"，今依下文改）元烨来督西粤军，与先太师共事一年，公饷私费取资于先太师者实多。被劾遭严谴，先太师救之甚力。再越岁，起楚督军，先太师助以行粮，馈以夫价。又越岁，楚地复失，元烨复奔粤，且不奉命，径趋行在，危言耸上，请增事权。遂挟当事于衔内插入"广西"字面，为横索先太师之地。比至桂林，志骄胆怯，诸勋无不侧目。有少女已与宁远伯王永祚有成约，乃更嫁开国公赵印选。时元烨欲恣意于粤西，借印选以自辅，虽败王氏之盟弗恤也。由是王、赵成隙，而卫国公胡一青出守大榕江，从事独劳，心亦怏怏。当是时，桂林所特重者滇营三将耳，三将俱有私怨，不肯协力以守封疆，而

195

三次劫虏，保全省会之宣国公焦琏驻师平乐，呼应不灵，故虏得从全州长驱直入，莫有阻者。

先是，十月十三日，先太师集众会议，搜括悬赏，方谓即不能战，尚可以守。乃勋督志在饱飏，绝无御虏之谋。十一月初五日，忽传兴安塘报一纸，知初四日严关诸塘尽已扫去。先太师当即飞催印选等星赴子营，而印选踌躇不进。其意全注老营，止办移营一着。至午后遣人侦之，则已尽室而去，并在城胡、王二营与武陵侯杨国栋、宁武伯马养骅、绥宁伯蒲缨各家老营，俱已奔窜，城中竟一空矣！于元烨微服出走，甫至月城，遂为乱兵所杀。先太师抚膺顿足曰："朝廷以高爵饵此辈，百姓以膏血养此辈，今遂作如此散场乎！"尔时家人俱已星散，有标下总兵官戚良勋跃二马至，欲先太师之出走也，先太师叱之曰："尔等武臣要去自去，我今日即去，不过多活几日！自古至今，谁是不死者？但要死得明白，可见祖宗于地下耳！若再饶舌，我先以尚方剑斩汝！"良勋去。时已晡矣，先太师危坐署中，屹然不动。

适总督张公同敞自灵川回，过江东，遥询城中光景，知城中已虚无人，止留守尚在，遂泅水过江，直入先太师署中，曰："事迫矣！将何策以免此难乎？"先太师曰："城存与存，城亡与亡！予自丁亥三月十一日虏薄桂林，已拼一死，吾今日得死所矣！子非留守，可以无死，盍去诸！"张公毅然正色曰："死则俱死耳！

古人耻独为君子，师顾不与门生同殉乎？"遂笑与张公饮，神色怡然，四顾左右，惟一老兵，命坐营总兵官徐高至，谓之曰："吾敕书、节、印付汝，汝星驰赴行在所，完归皇上，勿为虏所得也！"张灯对坐，夜雨淙淙，遥见城外火光烛天，满城中寂无声响。鸡鸣时有守城兵入告曰："清兵已围守各门矣！"

天渐明，先太师谓张公曰："吾两人死期近矣！"辰刻噪声[始至]（灵皋按：原本缺，今据《永历纪年》补正）靖江王府前，再一刻始至公署。先太师与张公俨坐中堂，突有数骑持弓、腰刀至，执先太师与张公去。先太师曰："吾两人坐待一夕矣，无容执。"遂与偕行。时大雨如注，从泥淖中蹒跚数时，始到靖江王府后门，靖江王父子亦以守国不肯出城，拘置别室。孔有德举手作恭曰："哪一位是瞿阁部先生？请坐。"先太师曰："我留守督师瞿式耜也，中国人不惯地坐，城既陷矣，惟求速死耳，夫复何言！"有德霁色慰曰："吾在湖南已知有留守在城中。吾至此，即知有两公不怕死而不去。吾断不杀忠臣，何必求死？甲申闯贼之变，大清为先帝复仇，葬祭成礼，固人人所当感谢者。今人事如此，天意可知，阁部无自苦！今而后我掌军马，阁部掌钱粮，无殊在明时耳！"先太师曰："我为永历皇上供职，岂为犬羊供职耶？"有德曰："吾居王位，于阁部亦非轻！"先太师笑曰："禄山、朱泚而自以为王，一何王之贱也！"有德曰："我先圣之裔也，势会所迫，已至今日，阁部何太执耶！"张公厉声曰："尔无辱先圣！尔为毛文龙之门子，而自以为先圣裔耶！"有德大怒，叱左右缚之，逼之跪，不屈，捶折两臂，并伤一目，终不屈。先太师曰："是宫詹司马张同敞也！与我同难，应与我同死，尔等乌得辱之！"

有德冀先太师之屈节也，先市恩于张公，命左右释其缚。会有臬司彭爌、王三元入为劝解，遂同出，拘于民屋，与张公两所，而声问时通也。有德遣人赍满衣满帽，掷之于地。拘囚第三日，设宴，先太师挥其饮食，以"犬豕之食"呼之，时绝粒已四日矣。会礼部主事杨硕甫从阳朔山中来，少供薪水，先太师受之，并密致衣冠之具，而防闲者不之觉也。有德时命彭、王多方劝慰，求剃发，不从，请为僧，亦不从。先太师曰："为僧者，剃发之别名也，剃发则降矣，岂有降虏之留守乎？"日惟方巾偃坐一室，与张公赓和赋诗，以明厥志，间同张公徘徊城市，登眺山川，有华表鹤归之叹。一日途遇监军御史某，见其头戴僧帽，身服青衣，逡巡而走，面叱之曰："何自辱己辱国一至于此！"其人汗流浃背，蒲伏中途。虏官见者，益惮先太师之威严不可犯也。

闰十一月十一日，召幕友刘觐公至，谓之曰："今日事已当《井》之上爻，居其所而迁。圣贤自有学问，我只做不动地菩萨、欢喜地菩萨，虏其奈我何哉！甲申之夏，国难方殷，予欲从黄叔阳之后尘，而松师不之许，答教云：'留此身以为暮年烈士。'今正当其时矣！"相对浃晨，惟缱绻圣跸播迁，封疆失守，臣罪当诛之意，绝无一字谈及身家。觐公洒泪而别。

十五日，先太师语张公曰："吾两人待死已四十日矣，而偷生未决，知我者指为苏武，不知我者指为李陵，吾两人何以自解！"随草一檄，托老兵从间道驰谕焦宣国曰："徐高、陈希贤重兵在城未散，城中俱假虏，若援兵疾入，可反正也。"会有降贼魏元翼者，向曾任桂平督粮道，贪墨无状，先太师与张公曾罚锾以助饷，彼衔恨切骨。自投虏营后，百计陷害，欲得而甘心焉。且广布逻卒，搜捕羽书，老兵甫至文昌门，檄为其党所获，献之有德，有德震怒。

十六日午后，先太师具水沐浴，知翌辰之不免于难也。十七日丙申，虏骑四人请先太师出，先太师神色不惊，夷然自若，语之曰："须少缓，待我完《绝命词》。"遂缓笔成诗二首：一自题，一赠张公者。整肃衣冠，向南行五拜三叩头礼，将手录《临难诗稿》一帙，置于几上，从容徐步，遇张公于门首，笑谓之曰："吾两人多活了四十日，今日得死所矣！"张公亦谓先太师曰："快哉行也！厉鬼杀贼，门生讵敢忘之！"行至城隅盘石，先太师曰："吾生平爱山水，此地颇佳，可以去矣！"疾呼"皇上"者三，遂同张公南面，遇害。顷刻，雨骤风驰，当空震雷三击，有德亦为骇悚。故国臣民，遐迩惊悼，掩袂而泣者，不知几千人也！

时有何中湘部曲沅陵侯马蛟麟者，身入房营，心怀故国，闻先太师殉难，疾驰往诀，已无及矣。觅苇以席覆之，叹息而去。

次日，杨硕甫入城白孔有德曰："杨艺随阁部瞿老师在粤已六年矣，只为此根颈骨，欲收之以报知己。今日事已至此，乞垂宽大之恩，少尽师生之谊！"有德心动，许其殡殓，硕甫舁棺至死所，见刃血在颈，而身首未殊，面俨然生也。跪而告泣曰："门生在此，老师之目，其遂瞑乎！"忽见先太师张目如炬，目睛不动，而神采焕然，硕甫且悲且惧，摩掌熨目，久而始合。密备大红蟒衣一袭，金幞头一事，肃而殓之。并为张公具殡殓，葬于浅土。其地在桂林之门，盖风洞山之麓也。是日同遇害者，为徐高、旗鼓陈希贤、家人陈祥云。

先是，十月十二日，先太师遣孙男昌文赴行在进万寿表。二十一日抵梧。次日竟朝，面奏西粤情形："兵骄粮匮，无以御鸥张之虏，滇营三镇，汹汹寻戈，似非中兴景象。"同乡诸老谓："先太师事权不重，无以镇服诸勋。"公疏请旨，特授黄钺龙旗，凡公、侯、伯、大小文武各官，俱受节制。十一月初五日，命撰敕文。次日送用宝矣。初九日，皇上临轩，昌文对策。是日，报东省初三已破，举朝震惊。初十日，忽报桂林初五亦破，上遂移跸，将往浔州。百官逃窜，士庶流离，而骄兵悍将遂肆劫焉。昌文往辞阁暨庞司礼，司礼云："桂林已破，令祖自然尽忠，足下不能上省，随行在到浔州可也！"昌文云："桂林虽破，晚生必欲上省，寻祖父着落，若奔投行在，是为功名而忘祖父矣！既不成孝，何以成忠？"遂匆匆别去，十二日，从甘村进至周村，寄宿曾孝廉家，而舟中所携资粮、书籍并弓箭军器已于初十夜纵火焚之，无有存者。十五日，将往竹峒，从贺县入桂，一探消息。适遇八排瑶贼出山猖獗，路梗不通，往返又有匝月，复回周村。周村又被瑶贼抢掠，随身行李一空。艰难困顿之苦，真人生所未有也。辛卯年正月初二日，又从周村起身，一日行至黄州，途遇阳朔龙头山人，问其省中之事，备述甚详，始知先太师之变。痛哭无地，几不能生。十二日到剪刀源同邑王方谷家，细知先太师殉难始末。越数日，杨硕甫至，知先太师已浅葬于风洞山，心中稍慰。

尔时欲上桂林，凶锋可畏；欲下梧州，恐途中有识认挟之以媚虏者。兼之资斧又缺，进退两难，匿影荒山，度刻如岁。恶奴胡科背主而逃，相随患难两月不离者，勋官钱廷缵一人也。

三月初二日，勋官钱云自兴平来，始知梧州光景，镇将马蛟麟有书迎昌文至梧，桐城方密之相公亦有手札见招，遂作出山之计。十六日至梧，十八日见马镇，接待甚殷，情逾兄弟，有内司房公者，系上元人，左右周旋，靡所不至。不谓流离琐尾时，有下徐生之榻者！日欲遣昌文南还，辄为先太师标下恶弁王陈策多方阻挠，羁迟时日。

五月初二日，始放舟东下。十二日至佛山，忽见王陈策同房卒数人，奉孔牌追转，同行男妇七人，悉加桎梏。廿二日，复上梧州，马镇又阴为护持。遣兵起道，盛暑盐艘，钩锁琅珰，不能转动，真所云求生不得，求死不得者！

六月十二日，至桂林，昌文虑魏元翼之寻仇，谓此行必无生理。是日午后，住怀达章京李养性家，十三日传令释放，候旨录用，殊出意外。潜询之，知魏囚已于初七日为先太师与张公所殛，一口而出，各言神威之审鞫者，但闻空中似有铁链之声。俄顷间，七窍流血而死，房益惧先太师之灵爽英英如在，不敢加害于子孙尔。

八月二十一日，幼弟玄纯归，二十五日昌文启先太师之柩，与先临桂夫人之柩合厝明月洞。洞离城四里，悬崖石室，亦仙子之所居也。恶弁王陈策为贾梧州，九月二十五日，忽云："瞿太师唤我，急取纱帽员领来！"言未绝声，而已死矣。魏、王二贼百计图谋，而卒先殒其命，谁谓天道远而忠臣之后不克世乎！先太师六年事迹，备载《留守封事》中。兵燹之余，一时艰购。俟日后灵柩还乡，排缵成书，播诸遐迩。兹因传述不详，未敢轻于举笔，以掩先太师之丰功伟烈也。

也是录

［明］邓　凯

序

　　呜呼！国运之兴衰成败，天乎？人也！人乎？天也！仆每读史至国破君亡之际，未尝不掩卷欷歔而不忍多读书，嗟乎！天步之艰如此，人谋之失如彼，天人俱失，何以为国？呜呼！痛哉！

　　前明肇基江左，继定燕都，永洪之酝酿其人，宣嘉之昌隆其运，隆万之裕大其休。吁！可谓盛矣！既而流寇横噬，金瓯堕地，君死社稷，万古增光。一时之忠臣烈妇，死国殉夫；四海之志士遗民，勤王举义。破巢殒首，死亡不顾，不可谓非德泽之在人者深，而忠义之天常难泯焉耳！继而圣安不守于南京，思文复溃于闽越，制阃诸臣援立先帝，意以成旅未始不可兴少康，白水未始不可起光武。

　　帝立一日，明祀亦藉延一日者，诸臣不敢负先帝之心，即诸臣不敢负太祖养士之心也。奈何兵皆乌合，将尽叛臣，流离行间，跋涉险阻，成栋之师既覆，腾蛟之功不成。翠华奔播于岩疆，黄屋飘零于瘴雨。无斟鄩之余烬可然，无朔方之义师可召，无海岛之战舰可航。帝至是，虽有大可为之才，亦英雄无用武之地矣。奈之何哉？奈之何哉？

南宁迎驾，仅同催氾之谋，可望任馈，罪可胜诛乎！幸而晋王以丧败之余，计无所出，乘虚夺驾，遂跸云南。交水之犯，省会之功，岌岌乎且刿刃于二宫矣。一败涂地，狼狈降清，示瑕献图，兵端遂启。渔人之利，清实收之。况乎定国既自撤其藩篱，维新且日弄其威福，三路外攻，逆党内应。晋王方仓皇于舟中之敌国，奚暇整戈御敌也？銮舆西迈，奔走三宣，托食缅蛮，有如寄寓。方且文恬武嬉，苟延岁月，不思出险。天波之策不行，吉翔之恣日甚。卒之众叛亲离，内外三绝。文武屠灭，谁与图存？清兵出塞，帝遂北辕。逆贼进弑，明之宗祀忽焉遂斩。

呜呼岭峤之遗闻，犹载辍耕之录；兹焉缅甸之迁播，难征文献之存。幸有从跸故臣邓凯之一录焉，于以收什于百千，而忠奸罪状，自尔昭然。仆不揣疏谬，窃欲博采遗闻，以续明纪。仰以帝立于广，其始事也；终于缅，其终事也。自古无不亡之国，独惜帝以仁柔之资，际不可为之日，宗社板荡，豺虎纵横，上系于母后高年，弗忍引决，而怀愍再辱，殒身贼手。呜呼！人与？天也！然天绝明于蛮而不绝明于史，则斯人斯录之存，未始非天意焉。是录得之乡间好古者之家，亟请而缮录一帖。初读而抑愤，续读而涟，而天命樵既衰，人谋复否，呜呼痛哉！因序而藏之，以俟后世之司马迁、班固其人者。桐山隐冥鸿子益元氏雪涕敬书。

也是录

永历十二年（戊戌）十二月十五日，帝自滇畿起行。

永历十三年（己亥）正月初四日，帝至永昌府。

闰正月十五日，永昌府起行。

十八日，至腾越。（五日内至缅。）自永昌一路入缅，文武官四百余员，随从之役三千余人，其时护驾者，则靳统武也。

二十四日，甫下营而未炊，忽杨武兵到，传言后面满兵随到，各营兵士俱忙乱奔散。马吉翔与司礼李宗遗催驾即行，遂踉跄而奔，君臣、父子、夫妇、儿女不复相顾。兵马乱处，火光竟天。各营行囊皆被抢劫，上之贵人、宫女，俱为乱兵所掠。

二十五日，至铁壁关。孙崇雅叛，肆掠行在辎重，凡文武追扈稍后者悉为所掳。

二十六日，靳统武弃帝由斜谷而去。

二十八日，帝入缅关。缅人要请各从臣去弓矢刀杖，勿惊扰缅人，众不从。马吉翔传旨命悉去戎备，众乃遵行。是日抵芒漠。缅人迎贡，亦颇循礼。

二十九日，黔国公沐天波与皇亲王维恭、典玺李崇贵等计曰："我等须引东宫入茶山，既可在外调度各营，且皇上入缅，亦可遥为声援，或不至受困。"皇后不许。

三十日起行。

二月初一日，帝至大金沙江。仅得四舟，止可供上用，余各自买舟，走小河。又访问得陆行亦可达彼岸，即有从陆者。计诸臣随行之众，于腾越起行，尚不下四千，此时简阅，止一千四百七十八人。从舟行者六百四十六人，余者从陆。

初四日，马吉翔、李国泰不候太后、东宫即命放舟。太后大怒曰："连我也不顾，欲陷皇帝于不孝耶！"众乃止。初六日长行。

十八日，至井梗。缅人为阻，每日止行二三十里。

二十日，缅人来报，我兵四集，请敕阻之。是晚诸臣悉会御舟前，议谁可往。众各推诿，惟邓凯与行人任国玺请行。马吉翔恐二臣暴其过恶，因私谓缅人曰："此二人无家，去则不还矣！"旋复报各营已撤去，遂辍不行。

二十四日，缅酋来邀大臣过河议事，上命马雄飞、邬昌琦往。至则缅酋不出，惟令通事传语，所问皆神宗时事，二臣不能答，缅人哂之。因所赍敕书与神宗时所赐御宝相去微别，以为伪，又出黔国公征南将军印相对，乃信。盖缅人于神宗万历二十二年，因乱来朝请救，朝廷却之，是年遂与缅绝。出此，盖以示前代未尝受恩也。时亡国出奔，情境体貌大有非臣子所忍言者矣。

三月，黔国公沐天波与绥宁伯蒲缨、总兵王启隆邀马吉翔等集大树下，天波曰："缅酋遇我，日不如前，可即此走护腊撒、孟艮诸处，尚可图存。"吉翔曰："如此，我不能复兴官家事，将皇上三宫交诸公为计可耳！"众默然，遂散。时白文选率兵于二月初五日已抵缅亚哇迎驾，相去不过六十里，寂无知者。然皆不探听虚实，惟焚掠为事而已。

十七日，起陆诸臣至亚哇城对河屯驻。缅酋疑曰："此等非避乱，乃是阴图我国耳！"发兵围之，伤者甚众，因分居各村。总兵潘世荣降于缅，通政司朱蕴金、中军姜成德自缢死。

四月，芒漠来报，有我兵祁信者来迎驾，请敕止之。吉翔即请以锦衣卫丁调鼎、考功司杨生芳往，至五月望后始还。祁兵得敕不进，吉翔复与缅官之把隘者敕一道云："朕已航闽，后有一切兵来，都与我杀了！"

五月初一日，缅酋遣都官备龙舟鼓乐来迎。

初五日，上去井梗。

初七日至亚哇城对河安扎。

初八日，至者梗，即从陆诸臣所驻旧地也。先建草房十间，请上入居之，外以竹为城，每日守护者百余卒，其诸文武自备竹木，结宇而居。

初九日，缅酋遣贡甚厚，上亦优答之。时缅妇自相贸易，杂沓如市。诸臣恬然以为无事，屏去礼貌，皆短衣跣足，阑入缅妇贸易队中，踞地喧笑，呼卢纵酒，虽大僚无不然者。其通事为大理人，私语人曰："前者入关，若不弃兵器，缅王犹备远近，今又废尽中国礼法，异时不知何所终也！"

八月十三日，缅酋来招黔国公沐天波渡河，并索礼物，盖缅酋以中秋日各蛮皆贡献，故责币帛以彰声势。天波至，胁令椎髻跣足，以缅礼见，天波不得已而从之，归而泣告众曰："我所屈者，为保全皇上计也！若使执抗，不知将作何状，众且不以我为罪府乎？"于是礼部杨在、行人任国玺皆疏劾之，留中不发。是月，上患腿疮，旦夕呻吟，而诸臣日以酣歌纵博为乐。中秋之夕，马吉翔、李国泰呼梨园黎应祥者演戏，应祥泣曰："行宫在迩，上体不安，且此时何时，而行此忍心之事乎？虽死不敢奉命！"吉翔等大怒，令痛鞭之。时蒲缨所居亦密迩西内，缨大开博肆，叫呼无忌，上闻而怒，令毁其居，缨仍如故。

九月十九日，缅人进新谷，上命给从臣之窘迫者。马吉翔徇私散给，邓凯见之，大骂吉翔于行殿。吉翔旗鼓吴承爵摔凯而仆，伤其足，遂不能行。

永历十四年（庚子）七月，缅人复招黔国公沐天波渡河，天波力辞，缅使曰："此行不似从前，可冠带而行！"至则遇之有加礼，始知各营将临缅城。晋王李定国率兵迎驾，有疏云："前后具本三十余道，未知曾达御览否？今与缅定约，议于何处迎銮？伏候指示！"而诸臣在缅，燕雀自安，全无以出险为念者，缅营索敕，朦胧而去。外兵久候，音问俱绝，遂拔营去。后缅人来言，此辈全无实心为主，惟向各村焚掠，亦不计议恢复方略，或索本国象只粮草相助而行，乃惟播恶于无辜，不邀天之庇也！时马吉翔、杨在以潘瑛能通缅语，嘱其扶鸾曰："仙告我矣，某处有兵来迎，当以某日至冈上。"以邀赏取悦。又恐定国至，众将疾攻其恶，不得自恣，故矫旨令勿入缅。而一切惟事牢笼，诸臣好丑，盖难枚举。至文武升迁，仍由权贿，国事至此，尚可问乎！

九月，马吉翔奏有大臣三日不举火者。上怒，令典玺太监李国用碎皇帝之宝以济之。国用叩头曰："臣万死不奉诏！"既而马吉翔、李国泰竟鋻以散各臣。吉翔弟雄飞专恣尤甚，托者必先通雄飞乃得，于是行人任国玺纂宋末诸奸行事，汇成一帖进之。吉翔闻，恨之不置。进御殿，上方览阅；次日，国泰窃袖之出。

永历十五年（辛丑）二月二十八日，巩昌王白文选密遣缅人赉疏至，云："臣不敢速进者，恐惊万乘，欲其扈送出关为上策耳。候即赐玺书，以决进止。"后五六日，文选率兵造浮桥为迎跸计，相去行在仅六七十里，缅人复断其桥，文选候话不得，遂撤营去。

三月，有歃盟谋劫东宫，斩关以出者，兼杀吉翔、国泰以弭后患。事泄，坐以结盟投缅，密旨捕黔国公沐天波家人李姓，王启隆家人何爱，各付本主杀之。

五月，道臣任国玺有时事三不可解之疏，意以祸在燃眉，急图出险，上令国玺以出险策条奏，马吉翔、李国泰扼之不可。

二十三日，缅蛮弑其兄而篡其位，遣官索贺，不从。

七月十六日，缅人来邀当事大臣渡河议事，皆辞不行。

十八日，缅人又遣官至曰："此行无他，我王子虑众立心不善，请饮咒水，后令诸君皆得自便，贸易生计耳。否则，我国安能久奉刍粟耶？"

十九日，马吉翔、李国泰胁众俱行，止留年老内监一二人侍上，邓凯以足疾得免。已而缅人以兵三千围驻跸处，大呼曰："尔大臣可俱出饮咒水！有不出者，乱枪攒刺之！"诸臣犹豫，既无寸兵可以相持，又虑上与宫闱有失，延久无可为计，遂悉出。出则以三十人缚一人，骈杀之。上闻，与中宫皆欲自缢，内侍之仅存者，奏曰："上死固当！其如国母年高何？且既亡社稷，又弃太后。恐贻后世之讥，盍姑缓以俟天命！"上遂止。已而缅兵入营，搜财帛宫中，上贵人自缢，宫女及诸臣妻女缢于树者累累如瓜果。然上与太后以下二十五人同聚一小屋中，惊惶无措。已而通事引缅官来护守，惟曰："不可伤皇上与沐国公！"时遍地横尸，缅官请上移沐天波所居之室，大小止存三百四十余人，聚于一楼，哭声闻于一二里外。寺僧私以粗粝进，赖以得饱。且知诸臣之饮咒水，俱为所杀，而黔国公沐天波及王升、魏豹、王盛隆等，各击伤缅兵数人而死，死亦倍惨。赴缅饮咒水被杀者共四十二员，为松滋王某、黔国公沐天波、马吉翔、马雄飞、蒲缨、王维恭、邓士廉、邓居诏、杨在、邬昌琦、任国玺、王祖望、裴廷模、杨生芳、郭磷、潘璜、齐应选、魏豹、王自金、安朝桂、王升、陈谦、王盛隆、龚勋、吴承爵、张伯宗、任子信、张拱极、刘相、宋宗宰、宋国柱、刘广益兄弟、丁调鼎、李国泰、李茂芳、杨宗华、李崇贵，又有周、卢、沈、杨诸内监，皆同时毕命焉。

二十一日，缅人仍请上还旧居处。

二十五日，进铺陈银布等物，且致词曰："我小邦王子实无伤犯诸臣之心，因各营兵杀戮村民，民恐实甚，乃甘心于诸臣，以快其忿也，幸无介介于小邦！"上颔之而已。

上病，所存大小男女无不病者，死亡相继。诸臣送之由陆路而去者，约离缅半月程，住四五日，皆为缅人所屠。其孑身无家累者，约离缅一月程，方住于一小国中，缅人以兵洗之，而擒其王以归。盖从上入缅者，残无噍类矣。

十二月初二日未时，有缅官二王人来谒云："此地不便于居处，请移他所。尔国兵近我城，将发兵取道于此，恐惊官家耳。"语未毕，而缅人舁上所坐杌子即行。太后大哭随之，继有二肩舆舁太后中宫以行。大小男女步行五里外渡河，至岸已昏黑，不知所由为何径，三鼓后至营，始知为清师也。

初四日，上入清师大营。

初六日，上复转亚哇城。

初九日，上长发归滇。

永历十六年（壬寅）三月十三日，上入滇城。

四月初四日，命邓凯带小子出外。

初八日，上被难。缅兵为害，吉王同妃自缢，及总兵王华宇、熊维贤与马宝二官，锦衣赵明见、王大雄、王国相、吴承胤、朱文魁、吴千户，郑文远、李既白、凌云、严麻子、尹襄俱千户，有内官陈德远等十八人，同时自缢。妇女则刘口二贵人、松滋王妃、皇亲王国玺妃及诸臣妻女不下百五十人，又莫承爵、齐环、王盛隆、姜成德等诸臣之妻赴死尤烈。其陆行诸臣岷王朱蕴金、姜世德、马九功、潘世荣、危礼存、向鼎忠、温如珍、刘九皋等亦就义。而未乱时以病卒者，潘其、齐环、米仲、王伟、瑞昌王、刘荩忠、徐凤翥并内臣数人。其诸臣子女之死者，不及悉记也。吁！酷矣！

求野录

［明］邓　凯

求野录

永历十二年（戊戌）正月，诏以原督师兵部尚书程源为礼部尚书，都御史钱邦芑掌院事；赐故辅臣吴贞毓、范矿等赠恤。

矿总督云贵，驻扎黔省时，孙可望两使李定国、一使白文选将兵赴黔，与矿盟，共申信义扶明之约。矿因从容为定国、文选开陈大义，且曰："万一可望渝盟，奈何？"定国曰："可望扶明，我则奉之；若其渝盟，我则杀之，无难也！"迨后帝跸安龙，可望强横自恣，无人臣礼，文选燕见矿，有惭色。邦芑巡抚四川时，文选与忠国公王祥盟于乌江，邦芑为执牛耳。后可望袭遵义，王祥走死，文选晤邦芑，亦汗愧不能仰视。邦芑曰："非公卖国，乃他人卖公耳！"因时闲燕言，帝在安龙，主辱臣死，两人泣数行下也。于是文选对邦芑折箭自誓，必杀可望。会定国自粤西入安龙，拥帝而南，居间调护，文选之力居多。可望疑其有阴谋，夺其兵权，幽之别室。而矿已愤卒，莫有为之解者。

可望胁程源为兵部尚书。时邦芑为僧矣。亦傅之至，授詹事府正詹。两人遂密连行在旧臣，皆交欢可望镇将。此辈朴鲁武人，酒酣耳熟，辄指可望骂曰："剥一张贼皮，又生一张贼皮耶！"源又乘间言于可望："文选骁勇可用，使功莫如使过。"文选以得还兵权。迨交水战胜，文选马宝虽为功首，而开导于平日，与离间逆党，奋发忠义于临时，矿、源、邦芑，其功咸不可泯。至是，帝皆旌之。

时马吉翔用事，颇忌源、芑之来。源功名自许，入朝即发吉翔奸状。吉翔嗾言者劾源曾臣事可望，非纯臣，源发愤杜门不视事。芑虽掌宪，而督理晋王李定国之军事者为金维新，秩左都御史，位在芑上。以故都御史待命阁下不发，芑亦郁郁浮沉，朝请而已。贞毓与吉翔仇也，矿亦非吉翔所善。赠恤皆不副望，公论惜之。

二月，清师取湖南，入武靖、沅、辰，遂至贵阳、安顺，巡抚冷孟铤死之。

于是粤西之南太，四川之川南、川东皆失。自可望败走，朝廷论功行赏，[设]官设吏，率皆宴饮恬愉，争功修怨，绝不以国事为念。部官二人[一名金简字禹藏，越人，入（灵皋按：原本"禹藏人越人"，今姑妄易之）蛮中。其一人惜失其姓名，后死焉]次第进谏，谓："内患虽除，外忧方棘，伺我者方雁行顿刃，待两虎之一毙一伤以奋其勇，而我酣歌于漏舟，熟睡于积薪之上，能旦夕否乎？二王老于兵事者也，胡亦泄泄如是！"定国疑其劾己，遽于帝前激切陈诉，帝拟杖二臣以谢之。朝士交论共执不可，移时未决，失陷之报踵至，定国始逡巡引罪，二臣乃得免。

四月，蜀王刘文秀薨。

　　文秀之追可望至贵阳也，尽收其溃兵可三万人，练以备边，渐有成局矣。而晋王不悦，请召之还，并召诸将之在边者与从可望之南犯者，论功罪为分兵多寡之地。是以边警猝至，兵失其将，将不得兵，迄于大溃。文秀先以正月还滇，抑郁不自得，每屏人语曰："退狼进虎，晋王必败国！"至是病革，上遗表曰："我死，国事可预知！臣精兵三万人皆在黎雅建越之间，尝窖金二十万，臣将郝承裔知之。臣死之后，若有仓猝，臣妻操盘匜以待，臣子御驾鞯以备督御，请驾幸蜀，以十三家之兵，出营陕洛，庶几转败为功也！"乃薨。晋王恶之。

七月，晋王李定国秉黄钺出师。

令李承爵出左路，壁黄草坝，祁三升出中路，壁鸡公背，白文选出右路壁遵义之孙家坝。自三方告急，屡促定国师期，辄云"有待"，盖随妖人贾自明之惑也。自明善幻术，多大言，言上帝助兵，当以某日下为木偶人数百长丈许，执幡幢为行阵，久而无验，时已初秋。定国怒而斩之，而讳其事，乃出兵。帝授以黄钺，凡古命将之礼无不备。先由中路出关岭，后李承爵告急，乃移师黄草坝。有以兵事谏者，曰："守石关，一夫之力能制胜。"久之逾石关，营于炎遮河。祁三升壁鸡公背之绝顶，粮少运艰，士不宿饱。孙家坝孤悬滇蜀之表，声援不及，识者俱以为忧。

十月，晋王李定国告炎遮河之捷。

十二月，晋王李定国兵溃于炎遮河。于是鸡公背、孙家坝之师俱大溃。十五日，帝出奔。

李定国与清师战于炎遮河之右，小胜，遂不设备。清师骤至，压其营而垒。明日决战，南兵枪炮，北兵弓矢，日中不决。忽大风北来，金枪失火。其地山茅野草，烟焰障天，北兵乘风驰射，定国惊惧，弃众先奔，遂大溃。十三日，变服还滇，请帝出幸，言战守计者，以为书生不足听也。十四日，帝大集诸臣共议所之，蜀王刘文秀之将陈建等举文秀遗表，请幸蜀；定国曰："蕞尔建昌，何当十万人之至，不如南楚。缓出粤西，急入交趾。"难之者曰："清兵乘胜逾黄草坝，则临、沅、广南道路中断，且丧败之后，焉能整兵以迎方张之势？不可！"黔国公沐天波进议曰："自迤西达缅甸，其地粮糗可资，出边则荒远无际，万一追势稍缓，据大理两关之险，犹不失为蒙、段也。"帝可其议。明日驾遂发滇，官兵男妇马步从者数十万人，从古乘舆奔播，未有若此之众者。时定国以大兵殿后，国势既摇，人心思叛，艾能奇之子承业纠狄三聘等数人以骁卒千余伏大寺中，谋劫定国而北。定国觇者知其谋以告，十八日晡时，定国遽率兵千人严队西走，承业等不敢追。

永历十三年（己亥）正月初四日，帝至永昌。

帝发滇时，百官护从，军民泣随者，日行不过三十里。其后兵士乏食，恣取民间，以至所在逃避，御前供奉顿缺，而庶僚贫病，扈跸离次不前者甚众，崎岖过大理，而定国亦至。明日帝行，定国请坚守大理，许之。后数日，白文选以孙家坝南溃之兵至，列阵下关，众尚万余。定国以数百骑赴之，文选愤涕叱定国曰："人主以全国全师畀王，一旦至此，谁执其咎！"定国惭，南向叩首曰："帝幸赦臣！"谓文选曰："上既赦我，愿身一死以赎前罪！"文选收涕谢曰："王几许人！死敌何益！王行矣！"定国遂行。又数日，清帅平西王吴三桂追文选及之，战于下关，又战于丁当山，文选败，南走入山。

晋王李定国败绩于磨盘，弃其军走，清师引还。

先是，定国闻文选败，遂渡潞江（即古怒江）至磨盘山下（即古罗泯山，蛮云高丽贡），诸将他趋者皆会，胜兵万人，因设三伏以待之。以泰安伯窦民望为初伏，广昌侯高文贵为二伏，总兵王国为三伏。令曰："须敌至三伏，举炮首尾横击之。"清师至山下，得降者卢桂生言其计，清师乃释马而步，搜伏者。望菁莽丛积中矢炮雨发。民望不得已举炮出战，三伏亦发炮趋下救之，战于山下，短兵相接，自卯迄午，僵尸堵垒。民望血战不已，中流矢死。南兵气沮，犹踞险而守。及闻定国走，将士失望，半夜散去。定国当日坐山巅上，闻信炮失序，大惊曰："兵败矣！"遂先走。既逾险，问帝安在，知者曰："帝西行去，去腾越已百里，路界茶山缅甸之间！"定国曰："我焉从彼踔？而追者及之，君臣俱死无益也！姑他往，以图再举！"遂弃帝而奔。二十四日，帝南行，尚未知磨盘之溃，野次未定，而总兵杨武至，言定国远逃，追者将及，帝遂接淅而行。时渐昏黑，行数里，失道途大谷中，时距故处仅一望耳。宫人窜失，公私囊橐多为杨武劫夺。

二十五日，扈将孙崇雅劫掳，杀害尤烈。
二十八日，扈卫靳统武引其众叛去。

帝以从臣多叛，决意入缅，遂出铁壁关。关外即缅地矣，缅酋使使迎之，自称于国也，曰金楼白象王。盖处则楼居，出则乘象，足不履地也。进贡天朝，则称缅甸宣慰使臣某。国人称之，则曰某某法，此言而公道主人也。至是奉迎具表如常仪，复奏曰："天王远临，百蛮警畏，请从官以下勿佩戎器！"马吉翔传旨从之。诸从臣皆谏曰："猛虎所以威百兽者，以有爪牙故也。奈何自弃其防，以启戎心！"不听。是日，帝至芒漠，缅人执礼甚恭，并进衣衿食物。华亭侯王维恭谋拥太子还入关，由茶山出鹤丽，不果。

二月初一日，帝至水次。

　　缅人舣四舟以待：帝一，后及太子一，司礼监李国泰一，文安侯马吉翔一。浮水东下，即大金沙江，其南与海接，古称黑水，此其一也。从官无舟，或水或陆，听其为计。先在腾越，从官以下及妇寺数尚四千，及至蛮漠，止一千四百五十余人，至是仅六百四十六人而已！

十八日，帝至井梗，驻跸。

　　因缅人奏宫室未备，故暂憩也。

二十日，缅酋迎大臣议事。

　　帝遣马吉翔弟雄飞及邬昌琦往。及至，酋亦不见，令通事传话，所问者皆神宗时事，二人未习中朝典故，竟不能答，缅人哂焉。最后出神宗时敕书相示，其宝文较今微异，以为伪，又以黔国公沐天波征南将军印验之，无异，遂不言。是役也，行人不才，遂开远蛮以不恭之渐！

三月，黔国公沐天波等谋奉帝往就晋王李定国之师，不果。

天波及绥宁伯蒲缨、总兵王启隆等谋奉帝往护撒，孟艮，以就定国，马吉翔不从，遂止。是月也，缅人戕我从官以下数百人，通政司朱蕴金、姜承德自缢死。自定国率残溃之众，分道入缅，焚掠劫杀，千里相望。缅人遂大发兵守隘，与官军忿怨益甚。至是，从官以下从陆者，不知帝尚为井梗也，竟抵缅都之亚哇城。缅人以为寇至，发兵围之。被杀者过半，余安置远方，后竟无存焉。

四月，咸阳侯祁三升帅师迎跸。

三升上表迎帝，缅人请敕止之。谏者曰："此我君臣出险之一时也！"不听，使丁调鼎及部司杨生芳往，以敕书止之，曰："朕已航闽，将军善自为计！"三升捧敕痛哭，以为帝真航闽也，遂撤师。

五月初四日，缅人以龙舟鼓乐迎帝次于者梗。

亚哇城下有地名者梗，即大鹦鹉城旧地也。界大金沙、大盈沙之间，地饶而险。缅人结草为庐，编竹为城，帝入居之，百官咸聚草次。

初八日，缅人来贡，礼仪甚腆。

自溃众四掠，百蛮受荼毒之惨，然未敢诮人主也。三升奉敕撤师之后，缅人以帝威令尚行，恐一旦移跸，纾祸无计，故迎帝优奉，以为缓急自救之策。且潜阻内外，声闻不通，而帝益困矣！

八月十五日，缅酋胁黔国公沐天波执臣礼以见，学士杨在、行人任国玺疏劾之，不报。

缅俗：八月十五日，群蛮赆见，酋张嘉会以享之。至是，召天波至，胁令从缅制，白衣、椎髻、跣足、领诸海郡及棘夷酋长而拜，以夸示远近。天波归而自白，且曰："我为皇上屈也！"在等以天波贪生辱国，疏劾之，留中不发。

九月，缅人进禾，帝以廪给从官。
永历十四年（庚子），巩昌王白文选帅师迎跸，次亚哇城，不克而还。

文选自大理之败，间道渡陇川潞江，踵帝以后，以帝且入亚哇城矣。二月中临江，不知帝之所在，还兵南甸者久之。至是，招集流亡，有精兵万余人。是年七月，复至江浒，谕缅人假道迎帝，不许，遂攻之，垂克矣。缅酋惧，求敕止之，文选不奉诏，谓使者曰："前者祁将军来，诏云：'已航闽。'若前诏为真，则今敕为赝；使今敕为真，则航闽之后何自而来？君非臣何以威众？臣非君何以使人？蛮人不足信也！"使者曰："诺！"既去，不复至，缅人守益坚，文选望鹧鸪城痛哭引兵去。

九月，帝椎御宝以颁从官之不能举火者。

先是，杨武、孙崇雅之叛，乘舆辎重散亡殆尽，至沙漠，惟中宫余金盆银碗各一，又为舆夫盗逃，而庶僚之贫者饥寒蓝缕，鸠鹄不足喻也。马吉翔、李国泰以语激帝，怒掷皇帝之宝，令碎之，以济从臣。典玺李国用叩头不敢奉诏；吉翔、国泰竟鏊以分饷焉。时吉翔等拥资自赡，且纵博酣饮，高歌达旦，安寝咫尺不顾也。更值蛮人来市，无尊卑少长皆短衣岸帻与蛮妇坐地交易，杂以谑笑。中国纪纲荡然，蛮人视之齿冷矣。

永历十五年（辛丑）二月，巩昌王白文选会晋王李定国之师，大败缅兵于锡波。

先是，定国入缅中，余众不过千许，檄调诸将，皆以磨盘山之败，心实不相附，遂引而南。至顺蒙界外，界地而食，势实窘迫。会庆国公贺九仪以（有阙文）全师自广南渡江龙江赴之。精兵万人攻孟艮，拔其城。地饶鱼稻，诸将稍集，军声复振。久之，九仪以文选先居木邦之南甸，相去二千里，不相闻也。迨攻缅兵还，以不克为耻，知定国取孟艮，并有九仪之众，乃为书诮之，责以大义。定国遂全师而西，会文选于半途，相与刑牲歃血，誓必克缅。缅人知之，拔其豪边牙鲊、边牙㮇为大将，集兵十五万人，遇于锡波江上。临战，巨象千余，夹以枪炮，阵横二十里，鸣鼓震天，大噪而进。二王之兵不及什一，且戎器耗失，所操惟长刀、手槊、白棓而已。定国督众横击之，大败缅兵，僵死万计，杀其将边牙㮇。而边牙鲊犹收余众，栅大榕树林中，荫可百里，其夕鸣鼓竟夜，如列阵，比晓竟走还，无一存者。二王遂渡锡波江，临大金沙江，以垒缅城。

四月，晋王李定国等迎跸不果，引兵还。至亦渺赖山，师大溃。

先是，定国等兵临大金沙江，谕缅人假道入觐，并责其象马行粮为入边之计，缅人不听，尽烧其江船，沿江据险设炮以守。月余，定国等以粮少气阻，缅中耆者曰："从此而北，至鬼窟山，有大芭蕉林，伐之，作筏可渡。既渡，尚有大居江阻之，地饶材木，居民数百家，烧矿冶铁，舟可立具也。"定国从之，浮蕉为梁汔济，伐材设厂，造舟焉。未几，缅人断浮桥，捣厂所，而军饥疫作，死亡相继。时军行皆挈眷以行，老幼累累，为累不堪，不得已为还军之策。或曰："缅中瘴疠，夏秋为甚，加以千里无烟，人何以济？孟艮不可得而返矣！省地民风沙摆古者，在西南海上，行月余可至。其地高凉，其产鱼稻，盍往诸！"定国等乃从之，行至亦渺赖山下，其山亘数百里，登峰一览，竟其西南大海矣。是夕，文选裨将赵得胜憾其拥众，白文选还，且曰："王毋为贺九仪之续！"文选入山，据险自保。数日后，定国不得已引余兵三千间道还孟艮。其后，文选入边，遂迎降于清师。

五月，缅人弑其酋，弟为缅王。

自溃兵蹁入缅地，其民罹兵火之厄死者几半，国人怼其酋曰："王迎帝，故帝阶之为祸者，王也。"酋曰："我迎帝，不迎贼也！贼祸我，帝不祸我，奈何以是为怨乎？"于是上下相猜忌。今定国等来攻，酋之弟守景迈、景线，引蛮众五万人入援，并大出金帛以犒其众，诸蛮奋发。凡为战守，其略一出于酋之弟，国人爱之，遂归心。十三日缚酋置篚舆中，投之江，立其弟为王，遣弟来告，且索金贺，不报。

六月，缅人招大小从臣尽杀之，并围行在，汉人多遭其祸。

前年八月，黔国公沐天波屈礼缅酋，其后外来兵迎，缅人大恐，又札迎天波，乞诏谕止之，且许资象马、粮糒相助入边。而外兵飘忽，既进速退，是以蛮益轻我。及二王亦渺赖山之溃，蛮尤肆志，然尚未敢为逆也。时清帅平西王吴三桂既留镇，其固山杨坤谋效黔国公世守滇土，以为盘石之计，必入缅取帝以献乃可。遂上疏固请严檄缅酋，令获帝自效。缅人于是谋杀从官，以孤帝势，使人来曰："贼众溃矣，缅土安矣，请天朝大臣诅盟以相信也。"天波欲辞，马吉翔、李国泰曰："蛮人敬鬼重誓，可往也。"乃行。日向午，缅人以兵三千围行在，索汉无少长贵贱皆饮刃而死，有窜入帝所伏匿者，亦搜而杀之。宫中两贵人及命妇自缢，死者相望，伏尸枕藉。良久，缅人护驾官大呼曰："毋得惊害老皇帝！"乱始定，移帝他所，缅僧使其徒来进食，数日，帝乃得进。是日赴咒水之会死，知名者：松滋王某，黔国公沐天波，文安侯马吉翔，都督马雄飞，绥宁伯蒲缨，华亭侯王维恭，侍郎邓士廉、杨在，御史任国玺、邬昌琦，部司杨生芳、邓居诏，学录潘璜，典簿齐应选，总兵魏豹、王起隆，内臣李国泰等。二十四日其自缢行营者：吉王慈煃，王妃张氏，宗臣议漆，戚臣王国玺，锦衣卫官赵鸣鉴、王大雄等二十三人。呜呼！行在诸臣虽贤不肖间殊，其崎岖守死则一。至是同为一丘之貉，而帝已为三桂几上肉矣！缅人何足恨耶？明日，帝惊悸致病，缅人恐帝又不测，无以致辞于三桂，乃迅洁行宫，迎帝复入居之，复贡衣被锦布等物。

十二月初三日，清帅平西王吴三桂帅师临江，缅人执帝以献。

三桂既以大兵临缅城大江，缅人奉金盘一十六枚，置馔以迎，即日缅蛮来绐帝曰："李定国兵又至矣！马步军数万列江浒，索帝甚急！"语未竟，蛮人遂舁帝所坐以行，后宫号哭震天，步从五里外，乘舟渡河，舟大不及陆，三桂使将负帝登岸。帝问曰："卿为谁？"对曰："臣平西王前锋章京高得捷也！"帝默然。

初九日，清帅平西王吴三桂以师拥帝还滇。

帝既还滇，三桂遂以捷闻。

晋王李定国薨。

缅自万历中绝贡，且据有木邦、麓川及八百媳妇之地，雄视西南，然与古剌、暹罗两国为世仇。帝自蛮漠舟行，从官云散。有入古剌者，马九功、江国泰等；有入暹罗，绝爱之，妻以女如珍，之已以女为定国计妃（灵皋按："有入暹罗"至此，语意不明定有脱误，句读未能，姑阙疑待考）。于是间道通殷勤，谋连兵伐缅。九功等亦为古剌招到溃兵，得三千人，亦到，书致定国，相与犄角。两国之兵将发，会三桂执帝旋滇，谍者以告。定国闻之，蹩踊号哭，自掷于地者百计，不食三日，自表于上帝以祈死，愤郁致病，七日而薨，暹罗、古剌之师失望而返。

永历十六年（壬寅）四月二十五日，吴三桂以帛进帝所，帝遂崩，皇太子及皇侄殉之，明亡。

时在寓中，忽大风霾，黄雾弥天，雷电交作，空中有二龙蜿蜒而逝，滇民无不悲悼焉。是年三桂即进爵为亲王，益甲万余人，移家口于汉中，美厥功也。其后缅蛮至者云：晋王李定国所葬地，至今春草不生，蛮人过之，辄跪拜而去。

永历纪年

[明] 黄宗羲

永历纪年

永历皇帝讳由榔，端皇常瀛第二子也，神宗之孙。崇祯十七年甲申十一月，端王薨，隆武元年乙酉，封上为桂王。其诏有"天下，王之天下"语。福京不守，两广总督丁魁楚、广西巡抚瞿式耜以二年丙戌十月初九日奉上监国于肇庆府。十八日即帝位，改明年为永历元年，以府署为行在。追崇端王为端皇帝，上太妃王氏尊号曰孝正皇太后，马氏曰慈宁皇太后，立妃王氏为皇后，加丁魁楚兵部尚书、东阁大学士，瞿式耜吏部尚书、东阁大学士，封浔梧总兵李明忠武靖伯。时绍武建号于广州，遣兵争三水，式耜署兵部事，出御之。总督林佳鼎率舟师轻进，败没于峡口。报至肇庆，百官皆逃窜，上亦奔梧州。皇太后贤明，通史书，固辞群臣，不欲令其子称帝。至是召科道李用楫、程源（江津人，癸未进士）等诘责之，诸臣皆伏地请罪。已知阁部师全，奉上再下肇庆。然地势单弱，人心震动，乃遣靖江伯严云从扈三宫之桂林。

十二月十五日，北兵破广州，二十五日事闻，上驾小艇上西峡。

永历元年丁亥正月癸卯朔，上驻跸梧州，知州陆世廉为上集役夫，北浚府江，丁魁楚弃上走岑溪，大学士李永茂（永城人，丁丑进士）、晏日曙（新喻人，原任承天副使）、太仆田芳等走博白，李用楫先差往交趾，瞿式耜妾媵众多，逗留梧江。惟左都御史王化澄（金溪人，甲戌进士，原任广东巡按），户部尚书吴炳，翰林方以智（桐城人，庚辰进士），文选郎吴贞毓（宜兴人，癸未进士），给事中唐铖，御史程源，中书吴其霤、洪士彭，掌锦衣事马吉翔扈跸。

二月，上至桂林，以吴炳、方以智为东阁大学士。

北帅李成栋尽锐而西，直抵平乐，桂林震动。有余龙者，故江上盗也，众万余，出没甘竹滩。广州之陷，建义者多从之，其势益张。是月焚北船百余于东莞，遂突广州，北抚佟养甲坚壁不出，檄成栋还师击之。

三月，瞿式耜自梧江至，议上幸武冈州，而自留守桂林，加式耜太保中极殿大学士，封临桂伯。方以智弃妻子入山为僧（以智为僧在庚寅冬，两粤再破时也。法名弘智，字无可，此特入天雪山耳）。上发桂林，以王化澄、吴炳典阁务。

兵部右侍郎张家玉（东莞人，癸未进士）、举人韩如璜（字姬命，著有《明文兹》《小韩文》，常在何乔远、李孙宸署中）建义攻东莞，北令郑霖开门以应。李成栋率水陆师至，家玉弃城，以舟师屯杜榕村。村近新安，北令走，家玉以诸生陈大赤领县事。兵科给事中陈邦彦亦建义于高明，使其门人马应房以舟师围顺德，李成栋败余龙于黄连，应房迎战死之。

四月，上至武冈州，以严起恒（绍兴人，辛未进士，原任蕲州副使）为东阁大学士。

河东、湖广流寇曹志建、王朝俊等数十人来归，悉赐五等爵。晋何腾蛟（贵州人，天启辛酉举人，湖南巡抚）总制世袭定兴侯，驻衡州，巡抚堵胤锡（宜兴人，丁丑进士）驻长沙，声势稍振。

张家玉使张元荣、陈瑞图拜表于上，进家玉兵部尚书，提督岭东军务，右副都御史。北兵破杜榕村，韩如璜死之。家玉引兵入新安，李成栋围新安，家玉间道走博罗。

七月，大学士陈子壮（南海人，万历己未探花）建义于九江村，与陈邦彦攻广州，不克。先是，邦彦结降北广州卫指挥杨可观、杨景晔为内应，又收花山盗三千人伪降北，以守东门。约以是月之七日三鼓内外并起，而子壮先期以五日薄城。谋泄，佟养甲捕杨可观等诛之，并诛花山之盗守东门者。时城内兵力单弱，养甲登城，见旌旗蔽江，叹曰："其死于是乎！"左右曰："与坐而死，无宁战死！"养甲奋勇出战，发巨炮以击陈舟，舟遂退。北风大作，养甲乘风追之，子壮大败于白鹅潭。李成栋亦自新安至，子壮退保九江村。又弃九江入高明，与监军道麦而炫、知县朱实莲婴城固守，邦彦亦退。会清远指挥白曹灿反正，迎邦彦，邦彦率师赴之，张家玉破博罗。

八月十四日，北兵逼行在。先是，楚镇刘承胤用迎銮功封安国公，与中人王坤交关，迫胁主上。皇太后刺血写诏，召驻扎古泥商丘伯侯性（性以总兵衔驻扎古泥口，上自武冈踉跄过古泥，宫眷衣食皆乏绝，性往来迎驾，奉上及三宫服御，下至宫人衣被俱饬办，三宫德之，乃口授商丘伯）入卫，性遣部将谢复荣以五百人至。至是承胤降北，为前导。十八日马吉翔、谢复荣等奉上及三宫斩关出，承胤引兵追蹑，相距三里。复荣请上疾驰而身自断后，抵死力战，与其卒五百人俱死王家堡。上徒步三十里，体重足疲，不能前，危在漏刻。会侯性率兵奄至，请上御小轿先发，性阵峡口，承胤引去。上已两日夜不食，夜宿罗家店。越五日，抵古泥，晋性祥符侯。

李成栋用四姓贼郑昌等为导，至高明城外，发炮破其城，杀朱实莲于南门楼，陈子壮、麦而炫被执。

二十七日，李成栋围博罗，穴城置炮轰发之，鸡鸣城陷，张家玉走增城，围之。

九月十日，李成栋救增城，家玉扎三营于城外，成栋令杜永和、阎可义分攻之，城内亦突围出战，将士死者数千人，无降者。火药尽，家玉乃与诸将痛饮，夜投濠水而死。

成栋又以水陆二万争清远，城破，陈邦彦犹率兵巷战，力屈赴水。北兵出之，槛送广州。

陈子壮至广州，临刑骂不绝口，麦而炫从死。是日，佟养甲命何吾驺、黄士俊、李觉斯、叶延祚、王应华、伍瑞隆、关捷先、陈世杰等观之。养甲问："诸公畏否？"皆鞠躬曰："畏！"亦有改容诧曰："真忠臣！真忠臣！"又数日，而陈邦彦及总兵曹天奇至，亦大骂而死。陈子壮、张家玉、陈邦彦事虽不成，然牵制李成栋使不得西上，而翠华得以苟安桂林、武冈之间者，三人力也。

十一月，上至象州，欲幸南宁，为新兴伯焦琏乱兵所阻，复返桂林，百官几欲散去。大学士王化澄、吏部左侍郎吴贞毓以间道扈三宫入南宁。

十二月三日，上至桂林，靖江王亨歅迎上而泣。瞿式耜、严起恒同相。贼将郝摇旗降于督师何腾蛟，封永城伯，赐名永忠，避北师从衡州，奔桂林，欲入城，瞿式耜拒之。

永历二年戊子正月丁酉朔，上在桂林。

二月二十三日夜，郝永忠斩关而入，劫上于寝，裸体置之城外，捆缚百官，掠其财物而去。马吉翔为上具袍服袄被而行。

三月十日，上至南宁，扈跸者大学士严起恒、马吉翔，兵部尚书萧琦，给事中吴其雷、洪士彭、许兆进、尹三聘七八人耳!

柳浔二府为庆国公陈邦传所据,不贡赋税,行朝资用乏绝,大学士严起恒乃署吏部开选于邕城。二十四土州槟榔、盐客、乐户皆列官籍。

四月乙未朔,皇子生。

十日,李成栋以广东反正,遣洪天擢(歙县人,丁丑进士,原任湖广驿传道)、潘曾纬(汉阳人,辛未进士)、李琦三人赍奏,请驾幸肇庆。成栋在北有大功,而受佟养甲节制,心不能平,故所收两广印信不下五千颗,独取总督印藏之。一爱妾揣知其意,劝之举事,成栋抚几曰:"如松江百口何!"成栋尝帅松江,其孥帑皆在焉。妾曰:"我敢独富贵乎?请先死君前,以成君子之志!"遂自刎。成栋哭曰:"我乃不及一妇人!"密与布政使袁彭年、佥事张调鼎图之。辇金十万,赂要人以取妻孥子在松江者。事将发,而金声桓以南昌反正,声桓逆流以攻赣州。赣帅高进库,故兴平伯高杰兄子也,求援于粤,佟养甲命成栋往,牒布政司移饷八万两。成栋日逼饷,彭年故不发,由是得以为辞。时岁大旱,群盗满山,成栋阴结其渠魁,谓养甲曰:"赣旦暮亡,粤又寇深如此。岭外断不可保。彼声言'复衣冠'三字耳,盍姑许之,以靖乱乎!"养甲计犹豫未有所决,成栋姑令群盗逼城下,呼声动天以怵之。养甲出示安民,成栋请权停顺治年号,养甲于榜尾但书戊子,成栋既得此榜，而己所出示，直书"永历二年"。养甲见之愕然。业已无可如何，两司官讽养甲以印授成栋，成栋下令兵民解辫，而以所藏总督印印表文上之。诏封养甲为襄平伯，兵、工二部尚书，成栋惠国公，袁彭年左都御史。金声桓藏表佛经中，亦遣使至。声桓故左良玉部曲，随良玉子梦庚降附，俾守江西。督抚以其降将轻之，从之取赂，不得。声桓私居尝改胡服，督抚因言"凡前朝将皆不可用"，声桓使人要之中途，得其书，置酒召巡抚，以书示之，即于坐间斩巡抚而反，诏封豫国公兼兵部尚书。

遣吴贞毓以吏部侍郎兼左副都御史，使成栋。

自两省反正，士人辐辏而至。王化澄复相，朱天麟（昆山人，戊辰进士）为东阁大学士，晏清（黄冈人，己未进士，原任广东水利佥事）为吏部尚书，张凤翼兵科兼翰林院，张佐辰文选司郎中，董云衮行人，潘骏虬兵部主事，庞天寿掌司礼监。曾经出仕，金曰"迎銮"；游手白丁，诡称"原任"。六曹闲署数日间添注几满，此外更有白札、部札、钦札。钦札者，皇帝用宝札官，不涉吏、兵二部，下广之费，大略出此。

八月癸巳朔，上至肇庆。李成栋迎于百里外，储黄金千两、白金十万两、彩纻万端，以备赏赉。政无巨细，受成于成栋。

诏赠陈子壮东阁大学士兼吏部尚书、番禺侯，谥文忠；张家玉少保、武英殿大学士、吏部尚书、增城侯，谥文烈；陈邦彦兵部尚书，谥忠愍。

十月十日，遣佟养甲代祭兴陵（端皇帝陵），上令李元胤磔之江中。养甲密表于北，成栋搜得之。

十二月，李成栋率师出南安，面奏："南雄以下事，诸臣任之；庾关以外事，臣独任之。"当是时，朝臣各有党与，自广东来者：吏部侍郎洪天擢，大理寺卿潘曾纬，学道李琦（三人皆李成栋亲信），兵部尚书曹烨（歙县人，辛未进士），工部尚书耿献忠，通政司毛毓祥（武进人，丁丑进士）为一党；自广西来者：严起恒、王化澄、朱天麟三辅臣，吏部尚书晏清，吏部侍郎吴贞毓，给事中吴其靁、洪士彭、雷得复、尹三聘、许兆进、张起为一党；自各路来者：左副都御史刘湘客（钱谦益荐举），礼部尚书吴憬，吏科都给事中丁时魁，兵科都给事中金堡，户科都给事中蒙正发，礼科都给事中李用楫，吏部文选司郎中施以征，光禄寺卿陆世廉，太仆寺卿马光，礼部仪注司郎中徐世仪为一党；翰林陈世杰，验封司郎中吴以进，给事中李贞，御史高赍明，太仆寺卿杨邦翰，职方郎中唐元楫以广东人又为一党。然行朝之权尽归于李元胤。元胤本姓贾，为成栋义儿，以守舍留肇庆，朝士争趋其门。其尤甚者，谓之"五虎"：袁彭年为虎头，丁时魁为虎尾，蒙正发为虎脚，刘湘客为虎皮，金堡为虎牙。广东一省大小官员，非奉成栋咨，不得擅除。桂林、平乐则瞿式耜为政，庆远、柳州则焦琏为政，浔、南、思、太则陈邦传为政。而通政司上疏陈乞职官者犹日以千计，内阁票拟，只有"看议具奏"四字，选司掌铨亦无出选之地，徒有空名而已。

永历三年己丑正月庚申朔，上在肇庆。

十三日，大学士朱天麟罢。陈邦传，故浔梧参将也，冒功封富川伯，又以迎驾封思恩侯。成栋反正，先疏入告，进爵至庆国公，官其子陈曾禹至右副都御史。驾过浔州，邦传挽留月余，求守浔州如瞿阁部故事。上不许，许以居浔梧，而致贿于诰敕中书张孟光，使以"守"字易"居"字，为言者追改。然邦传进疏，则直称世守。当成栋未反正时，邦传潜通降启，以故为成栋所轻。兵科给事中金堡承风指劾之，邦传疏辩："皇上蒙尘两年，并无一位两衙门，何今日纷纷若是！以臣为无兵无将，请即遣金堡为臣监军，以观臣十万铁骑！"天麟票拟："金堡从来朕亦未悉，所请监纪，着即会议。"丁时魁，堡之党人也，怒曰："堡论邦传，请即监纪；堡又论郝永忠，若请其头，亦与之耶！"率科道官十六人直入丹墀，大声疾呼，缴印于内阁。上方燕语，闻变震惊，翻茶沾服，急谕诸臣照旧供职，天麟即日罢相。然天麟但言会议，固未尝出金堡于邦传也。第金堡往日知临清，受官于李贼，发其从来，是所深忌耳。

二十八日，起旧辅黄士俊、何吾驺入直。

三月七日，李成栋、何腾蛟败问至。当金声桓之反正，南都震动，乘流而下，鲜不克矣。乃为声桓谋者，以宁庶人失策于一往，使新建得刺其后，故声桓兵先赣州。赣帅高进库谓之曰："吾不动以待汝，汝得南都，则吾以赣下。"声桓不听，急攻之。久而各省援师集于南昌，李成栋方欲夹攻赣州，声桓之攻赣者，首尾牵顾，失利而退。高进库以方胜之师，还而拒成栋，成栋退走信丰，溃不可制。成栋断后，策马渡河，马不胜甲而沉。兵部尚书张调鼎、监军道姚生文俱死于乱兵。成栋死而声桓亦亡。

何腾蛟开府于长沙之湘潭县，湖南北列十三镇，多以降将为之，时叛时服。腾蛟仁爱有理，而雄断不足，诸将跋扈不用命。北兵至，湘潭不守，遂见执，害于大步桥下。

赠腾蛟中湘王，李成栋宁夏王，进李元胤车骑将军、南阳伯。

四月，孙可望遣龚鼎（永昌人，癸未庶吉士）献南金名马，移书求亲王名号。初，张献忠伏诛，其劲旅尚有四部，曰：孙可望、李定国、刘文秀、艾能奇，皆去献忠伪号，自称将军。可望平东，定国安西，文秀抚南，能奇定北，而奉黔国公沐天波以讨定诸彝。可望年差

长，又稍知文墨，故位第一，定国以能次之，文秀，能
奇又次之；然实彝无统属。已而能奇死，其将冯双礼主
其营事，可望笼之以术，既兼两部，浸浸欲自大。当诸
军之从贵阳入滇也，贵州不置一守。有皮熊者，以其军
入之，报称恢复黔省，进爵贵国公，驻平越。大学士王
应熊还自京师，开幕府于遵义。有王祥者为委任，应熊
死，而祥据遵义，亦进爵至忠国公。各疏告行在，言：
"今之入滇者，为张贼余孽，名虽向正，事岂革心？朝
廷毋为所愚！"然两帅接壤，时相构衅，亦不能有所效
力。及滇使至，朝议以为不可不行封赏，金堡言："祖
制无异姓封王者。"于是遣武康伯胡执恭以侯爵往封。
执恭者，绍兴人，私计滇兵强甚，且欲自结于孙可望，
谓："《春秋》之义，大夫出境，有可以安社稷，利国
家者，专之可也。"乃矫诏封可望为秦王，可望亦知其
伪，具疏辞。金堡、蒙正发皆劾执恭罔上，朝议大哗，
然不可但已，改封荆郡王，赐之国姓，曰"朱朝宗"，
定国曰"李如靖"，文秀曰"刘若琦"，而可望终冀秦
王，言："臣惟一意办贼，成功之后，始敢议及封爵
耳！"定国、文秀亦辞赐名，可望虽不受爵，然已张皇
其称。土司之慑服军威者，进修贡献，已仿亲王礼行
事，而沐天波亦谦让不敢以公爵均敌。滇土略定，而北
师下沅，张先璧、侯天锡退师黔境。可望遣许世臣诣行
在，请出师，陈义慷慨。有为上言曰："不若赐之玺

书，直云'皇帝致书秦王'，则前此葛藤斩断，方可使之尽瘁也。"上从之，可望即具疏谢恩。

五月四日，慈宁皇太后垂帘召何吾驺、金堡为之解释。先是，正月，吾驺谓与司礼监夏国祥此呼彼应，有若桴鼓。皇太后恐吾驺不安其位，故解之。

六月，左都御史袁彭年去。彭年生母死，不肯丁忧，慈宁皇太后以祖制所无，不许。

七月，楚降将李赤心等兵败入广。初，李贼部曲之降于何腾蛟也，李过（一名锦）赐名"赤心"，封兴国公，高必正封郑国公，赐名"忠贞"。腾蛟死，为大学士堵胤锡所抚。湖南北既失，赤心等由郴桂竟趋梧州，欲入广东，胤锡力主其议。李元胤曰："我辈做鞑子时，公不来复广东，今反正后，乃来争广东乎！皇上在此，他来何为？"胤锡语塞而止。

八月，黄士骏、何吾驺罢。时台谏横甚，金堡等以李元胤为东援，瞿式耜为西援，严起恒为内援，焦琏为外援，朝政一手握定，动辄白简，政府惴惴充位。疏未上，先商票拟，政府置底簿以待之，任其改削。二辅入直以来，弹章盈箧，至是告归。

九月，严起恒独相。

是年封朱成功为延平王，闽海始用永历年号。

永历四年庚寅正月乙卯朔，上在肇庆。

北兵破南雄，七日报至，百官争窜，家丁沿途杀人。九日，上登舟，十三日，解维。

二月甲申朔，上至梧州，驻跸水殿。李元胤留守肇庆，户部尚书吴贞毓，詹事府礼部右侍郎郭之奇，兵部左侍郎程源，右侍郎万翱，礼科都给事中李用楫，户科右给事中张孝起，吏科给事中朱士鲲，户科给事中李日纬，御史朱统镝、王命来、陈光胤、彭佺合疏论袁彭年、金堡、丁时魁、蒙正发、刘湘客罪。奉旨：彭年反正有功，免议，余下锦衣狱（以五显庙权之）。掌卫事张鸣冈鞫之，严起恒请对于水殿，不得入。复率诸臣伏沙滩求免刑，程源立舟侧，扬言曰："金堡即'昌宗之宠方新，仁杰之袍何在'两语，便当万死！"其声达慈宁舟中。盖堡驳御史吕尔玙奉旨疏："臣何人也？尔玙何人也？以仁杰之袍，赌昌宗之裘，志士独为怏怏，顾肆言无忌也！"狱具，堡与时魁各杖八十，堡边远，时魁附近，各终身充军，湘客、正发徒三年，各赎。上登位三年，至是始见声色。

上忧东事甚，调郧国公高必正赴援。

五月十三日，高必正与兴平侯党守素率兵自梧州来朝，李元胤亦自肇庆来。时严起恒已去，三帅请手敕往平浪追还。慈宁皇太后垂帘召三帅赐对，元胤伏地请死曰："金堡等非臣私人，果有罪，皇上何不处之于端州？今若此，是臣与堡等为党也！向以封疆急，不敢请罪，今事稍定，请正臣罪。"上慰免再三，曰："卿大忠大孝，朕不疑卿！"元胤曰："皇上既不疑臣，何故以处四臣之故，赐臣册书，令臣安心办事乎？"皇太后曰："卿莫认金堡等为好人！卿如此忠义，他却谤卿谋反！"元胤曰："说臣谋反，还是有本？还是面奏？还是传言？"上不答，必正曰："皇上重处堡等是也。但处堡等之人，不如堡等；处堡等之后，亦无胜于堡等之事。"皇太后曰："只滇封一事岂非金堡误国？"诸臣皆不敢对。

孙可望自赐玺书之后，俨然亲藩体统，凡诸军悉曰"行营"，设立护卫曰"驾前官"，自称曰"孤"，曰"不榖"，文书下行曰"秦王令旨"，各官上书曰"启"，称李定国、刘文秀曰"弟安西李""弟抚南刘"，其下称之，皆曰"国主"。皮熊在黔，畏其相逼，遣官李之华通好请盟，可望致书："贵爵坐拥貔貅，战则可以摧坚卤，守则可以资保障。独是不肖有司，罔知邦本，征派日烦，民生日蹙，默中乃兵出之途，宁无救灾恤邻之念，以为假道长发之举。若滇若黔，总蜀朝廷封疆，留守留兵，无非绸缪粮糗。惟欲与行在声息相通，何可有一毫私意于其间？若只以一盟了局，为燕雀处堂之计，非不榖所望于君子矣！"熊得书愈惧，避之苗寨，黔中院司道官会请前军都督白文选入省，可望下教安定之，遂下平越，收其军令，所属文武呈缴滥札。武职加授总制、参游，文职加授监军、督饷，部卿金宪概行裁革。

王祥乌合六七万，分为三十六镇，与滇兵一战于乌江河而大溃。祥避死真州，遂下遵义。

九月北帅孔有德攻桂林，诸将望风而遁，城陷。大学士瞿式耜、兵部侍郎张同敞不屈，死之。

十一月，瞿式耜遗表至，云："本月五日，开国公赵印选传塘报至，知严关已陷，在城卫国公胡一清、宁远伯王永祚、绥宁伯蒲缨、武陵侯杨国栋、宁武伯马养麟俱遁，城中一空。酉刻，督臣张同敞从江泗水过江至臣寓，臣谓：'子无留守之责，可以去！'同敞曰：'死则俱死耳！'即于是夜明灯正襟而坐。六月辰刻，噪声始至靖江府前，再一刻，直至臣寓。臣与同敞危坐中堂不动，忽数骑持弓矢突至，执臣与同敞而去。时大雨如注，臣与同敞从泥淖中行，至则孔有德已坐王府，靖江父子亦以守国未曾出城，业已移至别室。臣等见有德不拜，有德亦不强，以温言谕臣等降，臣与同敞曰：'吾二人已办一死于尔兵未至前，正以死于一室，不若死于大廷耳！'"明日被害。当被执之时，式耜欲入与妾诀，同敞牵臂止之曰："徒乱人意耳！"遂行。

广东亦先四日为北帅尚可喜所破。

十一日，上登舟幸浔，而陈邦传叛。上初过浔，邦传留之月余，欲挟以自重，至是乃谋劫驾。

十二日，上舟冲雨而过，不及发百官，卤簿之舟在后者，邦传劫之，文武堕水死者董英、许玉凤、潘骏观。邦传以上卤簿僭陈营中。

十六日，上幸浔州。户部侍郎陈圭来迎。十八日驻跸南宁。

永历五年辛卯正月乙酉朔，上在南宁升殿受朝贺。十日，祀太庙，诏东阁大学士兼吏、兵二部尚书文安之督师经略楚豫，赐上方剑，便宜行事。

二月，孙可望遣灭虏将军贺九仪，总兵朱养恩、张明志、张胜等入卫，楚雄道杨畏知自滇中来朝，诏进东阁大学士，入直办事。张胜杀严起恒，以吴贞毓为大学士。

三月，三宫上田州。二十五日，贺九仪修理行宫，为上驻驿。

四月朔，祀太庙。十二日，慈宁皇太后马氏崩于田州。十四日，讣闻。十七日，成服。二十三日，奉安灵与于慈宁宫。丧礼以日易月，五月十八日，敕鸿胪寺："顷以大行孝正庄翼康圣皇太后丧，忧戚之中，不遑视事。今值服除，当面与大臣商决政事，兼行日讲。该寺即传工部修中极殿，翰林院举堪任日讲记注员名，以二十七日举行。"

六月，上患足疾。

七月朔，祀太庙。十五日中元，遥祭祖陵。十八日，葬孝正太后于两江之宋村山。二十五日，陈邦传引兵北入寇，上欲移跸，群臣以两江黄茅瘴疠，秋甚于夏，宜俟霜降后，允之。贺九仪等出师柳庆。

九月，梧州、来宾、迁江告急。二十八日，上登舟。

十月初七日，幸新宁。

十一月，李元胤等迎驾，请幸防城，不允。

十二月，北兵至迁江，逼宾州。五日，幸濑滩，七日，南宁陷。太仆寺少卿丁元相、户部员外郎杨禹甸死之。上登陆，焚舟楫，踉跄失次，扈跸官员相失，将至镇安。会孙可望遣师讨叛朝叛彝，总兵高文贵、黑邦俊、狄三品等相率扈跸。

永历六年壬辰正月癸酉朔，上野次。三日至叛朝，十一日发叛朝，十二日次富川，十三日次沙斗，十四日次西洋江，十五日次宝月关，十六日至广南。孙可望遣总兵王爱秀迎驾，上言："臣以行在孤处僻粤，再次迎请，未奉允行。然预虑圣驾必有移幸之日，所以先遣各营兵马肃清彝氛，道路无碍。广南虽云内地，界邻交趾，尚恐彝情叵测。臣再四思维，惟安隆所（隶贵州普安州）滇、黔、粤三省会区，城郭坚固，行宫修葺。一切粮储，可以朝发夕至，莫此为宜。"上是之。盖可望两三年内，既定滇中，又复经营黔上，至此已有成绪。二十五日，上发广南，次童卜。二十六日，次晒利。二十七日，次鼎贵。二十八日，次加浦。二十九日，次那羊。三十日，次佴堂。

二月癸卯朔，次呼马。二日，次扁牙。三日，次板屯。四日，次板桥。五日，次峒沙。六日，至安隆所。诏改安隆所为安龙府。九日，遣太帝寺少卿吴之俊赍玺书至滇。

五月，孙可望分道出师，李定国下楚，征虏将军冯双礼副之；刘文秀入蜀，讨虏将军王复臣副之。以楚地攻战尤急，故选兵俱隶定国。

七月四日，定国率诸军克桂林，北帅定南王孔有德赴火死，俘其子定训及叛将陈邦传、其子陈师禹。（可望戮邦传等，剥其皮，其杀人剥皮者甚众。）初，定国驻军武冈，冯双礼驻宝庆、沅靖屡捷，沈酉败遁，大师可乘胜南下，而虞有德之蹑其后。于是令武冈诸营出新宁，宝庆诸营出祁阳，合趋全州。分遣西胜营张胜、铁骑右营郭有名，率精兵由西延大埠头便道趋严关。严关者，所由入桂林要道也。冯双礼率前军都督高存恩、铁骑前营王会、武安营陈国能、天威营高文贵、坐营靳统武合兵八万先进兵至驿湖，猝遇北兵万余，南师迎战，斩其骁将李四，北兵遂奔，南师薄全州。定国统右军都督王之邦、金吾营刘之讲、左协营吴子圣、武英营廖鱼、标骑左营卜宁，合兵十万继进。闻驿湖捷报，传令全州傅城者无急攻，惧其奔逸并力于桂林也。令未至，而全州已下。定国军过全州，令急过毋入；双礼诸军，亦出城合进。时张胜、郭有名已至严关，与大军相距十里，约曰："敌至则举炮传警；毋下关，须大军至，始战。"薄暮，闻炮，诸军疑赴之，定国曰："无庸！"俟之寂然。盖有德闻驿湖之败，遣众数万驰救全州，不意南师已营关上，会日暮退去。明日北师至关，张胜等传炮，大军蓐食而前，战于关下，北师锐甚，象偾归。定国斩驭象者，诸军奋勇前进，象亦突阵，北师大崩，斩戮不可胜计。天大雷雨，横尸遍野，追及于大榕江，有德急入桂林，闭城而守，大军三日而至城下，守陴者皆溃，大军援梯毕登，定国下令屯城上。有德奔入府中，怅然无一言，久之，曰："已矣！"其妻曰："毋虑我不死！"乃嘱一妪携其子出避，曰："苟得脱，度为沙弥，毋效乃父作贼一生，下场乃有今日耳！"自缢，妾亦缢。有德遂放火自刎，投火中。

方捷书之发自桂林也，其人穷日夜，易马而奔，既至贵阳，直入殿墀下马，而息仅续，卧地不能起，探其怀中捷书，灌以汤药，久之乃苏。于是大宴三日，疏请封典，始议犒师银八万两，已损之六万，已又损之四万。盖数军之入楚与蜀也，独驾前军（可望护军称驾前军）不发。驾前军固选锋，闻桂林之捷，皆生妒心，曰："北兵本易杀，我辈独不得一当耳！"数日后，定国上虏获，惟孔有德金印、金册，人参数捆，所报官库财物，估价仅盈万，遂有媒孽其市恩诸军者，往来使命不绝，又多增饰喜怒其间，册封之事，行之稍缓。而北师敬谨亲王大入衡州，兵号十万。定国计分其师，遣前将军张虎取辰州，北人分兵往救，定国身当衡州，遇之河上，始战少却，北兵乘胜追奔，南人奇兵间道，以捣中坚，遂蹶名王（十一月二十三日）。则又传是日之战，斩敌如屠犬豕，手不暇耳。驾前军闻之益轻言："北不足灭！"遂议明年春，秦王亲出师云。

刘文秀之入蜀也，善抚恤军士，蜀人闻大军至，多响应，于是重庆、叙州诸府县，次第皆复。吴三桂迎战辄败，敛军以奔，趋保保宁，南师追蹑其后，惟恐失敌。讨虏将军王复臣曰："不可！我师骄矣，而彼方致死。以骄兵当死寇，能无失乎？"诸军多不然之。至保宁，复臣又曰："毋围城。围则师分而弱！"不听，张先璧军其西南，先璧号张黑神，军容耀日，然未经大敌。三桂登城望之曰："独是军可袭！"乃开门出精骑犯其垒，果惊溃，转战而南，值讨虏将军营，讨虏为溃兵所扰，又间以水势不复支，北人乘胜奋击，复臣手斩数人，环之者益众，乃曰："大丈夫不能生擒名王，岂可为敌所辱！"遂引刀自刭。北兵皆惊叹以为烈士。文秀撤围而退，三桂不敢追，曰："生平未尝见如此劲敌，特欠一着耳！"盖如复臣所云也。报至，帝下诏曰："不听谋，损大将。刘抚南罪当诛，念有复城功，罢职闲住。"文秀归云南，诸军或分守蜀隘，或调征楚，所从者不过百余人而已。

是年李元胤往海南，招集散亡，至钦州，为士兵王胜堂所劫，械送广州，不屈死。投尸江中。

永历七年癸巳正月戊辰朔，上在安龙府。

先是，孙可望题请封李定国为西宁郡王兼行军都招讨，封冯双礼为兴国侯。圣旨："所请封爵事宜俱依议行。"于是造设仪卫，遣检讨方于宣、中书杨惺光赉敕往，赏军万金。行有日矣，而是时讹言繁兴，有传李定国滋不悦者，曰："奈何受郡王封？当亦如国主！"有传诸营偶语者曰："秦王下长沙，即改年号，受禅让。"而以处刘文秀太过，咸曰："大功未行厚赏，偶败则应严罚，吾等如何苦捐身命？"又以杀杨畏知，立仪注，驾前之奉令出使者，多恣睢不法，而言之者多获祸，从此内外文武咸怨，军心渐涣，不乐为可望用者众矣。杨畏知者陕人，官楚雄道，好言王霸之略，故为可望所重。及朝行在于南宁，上以孙氏故相之，而可望反疑其二心于己。归黔以后，所言多不从。畏知乃佯狂以示不为孙氏用，又时时醉骂其驾前人。可望欲胁之以令改，命从军法，逆知必有谏者。迨谏者入，而驾前人已提其头至矣。可望恨曰："杨公死，我桓文事不成矣！"仪注者，武爵隆杀体统，可望欲以自大，其故时等夷者多怨之，曰："天下尚未定，奈何为此！"

李定国出奔。

是月，孙可望出师，慨然有经略中原之志。其封李定国者，诏使已出黔境，复追还之，曰："孤今出师入楚，当面会安西，大庆宴，亲奉上敕书，以光宠之。"而众益交相论叹，以为此真项羽之刓刻吝封赏也！至有为定国虑者，曰："此伪游云梦计耳！"定国因涕泣谓其下曰："不幸少陷军中，备尝夷险，思欲立尺寸功，匡扶王室，垂名不朽。今甫得斩名王，奏大捷，而猜忌四起，且我与抚南弟同起云南，战功具在。一旦违误，辄遭废弃。于我忌害，当必尤甚。我妻子俱在云南，我岂得已而奔哉！"诸营闻之，有引军从者，其不从者，亦咨嗟太息不已。

李定国又为书以谢可望，可望不意其奔也，怅然久之。欲止军东下，然业已督师在道，又信驾前言，敌殊易杀，欲亲复行间，立大功，以服众心。谍知敌屯四路口，遂欲袭击破之，令于军中曰："凡获敌马者悉给之。"时方四月，阴雨连绵，行三日，至四路口。敌惊欲溃，南军殊易之，甫斩数人，便掠其马，敌睋阵乱，还而搏战，南军已不成列，退保峒口。可望亦念定国既去，诸军有乘是图之者，既不敢严督诸军前战，诸军亦以驾前军奋欲立功，不愿与并力，凡长沙所已复州县给印诸军官悉撤回，楚事大变矣。

八月，始有言招还李定国者，南宁镇朱养恩言之尤切，可望终忌定国，乃与其下谋起刘文秀。文秀闻之，单骑入黔，私见于可望，言己无才，不愿图富贵。可望强之，疏请为大招讨，仍密遣之还滇。

永历八年甲午正月壬辰朔，上在安龙府。改云南省为云兴，辰州为沅兴府，沅州为黔兴府。诏以刘文秀为大招讨，都督诸军，出师东伐。

三月二十六日，孙可望杀学士吴贞毓以下一十八人（内武臣一人、内侍二人）。上以久不得出，与贞毓等谋，私以手敕通李定国，令之来。时左右前后莫非为可望耳目者，马吉翔发其事，穷治撰文何人，用宝何人，奉使何人，上亦震惊者累日。（闽人林日宣著《安龙纪事》一卷，序马吉翔陷大学士吴贞毓等十八人之曲折甚悉，惜其书已佚，世少抄本，附记于此。）

四月刘文秀至黔，可望祭旗纛毕，执爵授文秀，文秀言："某伏愿皇上洪福，国主威略，诸将士智勇，庶几一日克敌，恢复中原。若某下劣，诚恐不胜！"

五月七日，孙可望以单骑出按沅靖诸营，遍观险隘，劳恤军吏，十日而毕。

七月，择吉出师，由平越道屯于天柱。

永历九年乙未正月丙戌朔，上在安龙府。封李定国为晋王，刘文秀为蜀王。

永历十年丙申正月庚辰朔，上在安龙府。孙可望将谋劫驾出降，李定国举兵败之，奉上驻跸云南，改为滇都。

永历十一年丁酉正月甲辰朔，上在滇都。议开缅甸为省，以沅江土府为总督，不果。

永历十二年戊戌正月戊戌朔，上在滇都。遣使赍玺书由安南出海，至延平王朱成功营，授张煌言兵部左侍郎兼翰林院学士，其余除授有差。徐孚远随使入觐，由交趾入安龙，交趾要其行礼，不听，不得过，孚远遂返厦门。

十月，云南属府告急。

十二月十五日，上发滇都。时李定国出御北师，请上随路避兵。

永历十三年己亥正月癸巳朔，上野次，四日，驻跸永昌。

闰正月十五日，上发永昌，将入缅。时文武官尚四百余人，兵士数千人。十八日，次腾越，二十日发腾越，二十四日遥传兵至，百官急窜，宫嫔被掠。二十八日，次蛮莫。缅人不容兵器入关，三十日发蛮莫。

二月壬辰朔，次河口，水陆分行。自上以外，从舟者六百四十六人，从陆者马九百四十余匹。十八日，上次井梗，缅人止之，不听前进。二十四日，缅王请大臣问故，上遣马雄飞、邬昌琦赍敕书往。缅王发神宗敕书对校不同，疑其为伪，及见沐国公印，信之。盖缅国自万历二十二年请救不许，遂绝朝贡，故所知惟神宗故事也。当是时，李定国已遣白文选率兵迎驾，至哂哇城下，距驻跸五六十里，为缅人隔绝不相闻，文选亦遂拔营而去。

三月十七日，自河口分路。陆行者至哩哇对河，离城五六里下营，缅人疑其夺国，率兵出战，杀伤多人，余乃散居村落。通政司朱蕴金、中军姜承德自缢死。

五月四日，缅王具龙舟鼓乐遣人迎上，五日上发井梗，七日至哩哇城下，次于对河，八日驻跸者梗（距城五六里），草殿数十间，编竹为城，宿卫百余人，各官自架竹木以居。

八月十三日，缅王请黔国公沐天波往。缅人以八月十五日诸蛮来贡，使黔国以臣礼见，夸耀于诸蛮。

九月十九日，缅人贡新谷。

十月戊子朔，颁历于缅。

永历十四年庚子正月丁巳朔，上在缅甸。上日欲出缅，幸李定国营。定国恐以兵来，则缅人致难于上，而在上左右者则又皆偷安无智之徒，以此音尘不属。九月，定国迎驾于近地，奏云："前后三十余本，不知曾到与否？今与缅王约何地交割？"上以答敕付缅人，而定国候久无消息，复拔营去。是时士君子皆散亡，所从惟阘冗一二辈，马吉翔为大学士，与司礼监李国泰相为唇齿，惟恐定国之至。于是牢笼文武，凡欲某职某衔者，俱称门生。吉翔、国泰合奏大臣三日不能举火。上怒，以皇帝之玺掷之。吉翔、国泰即椎碎分给。御史任国玺请东宫开讲，进《宋末贤奸利害书》。上览一日，国泰恶而碎之。

永历十五年辛丑正月辛酉朔，上在缅甸。

二月二十八日，巩昌王白文选密遣缅民赍本至云："不敢速进，恐有害，必要缅王送出为上策。"数日后距行在六七十里，架浮桥将渡，已而不果。

三月，有欲杀马吉翔、李国泰，奉东宫而出者，事觉，被害。

五月，马吉翔、李国泰进宫讲书，御史任国玺言："上年请开讲，则迁延不行。今日势如累卵，祸急燃眉，不思出险，而托言讲贯。夫日讲经筵，必须科道侍班；议军务则有皇亲沐国，岂翔、泰二人之私事哉？"奉旨：着任国玺献出险策。国玺言："能主入缅，必能主出。今日事势如此，乃卸肩于建言之人乎！"

太常寺博士邓居诏、礼部主客司主事王祖望，各劾翔、泰，不省。

又传礼部侍郎杨在讲书赐坐，在以东宫典玺李崇贵侍立，不敢就坐。上并赐崇贵坐，崇贵曰："虽在乱亡，不敢废礼！今日虽蒙上赐，后日将谓臣欺幼主！"每讲，崇贵出外，讲毕而入。一日，东宫问："哀公何名？"在不能答。

二十三日，缅酋弟莽猛白弑兄自立，遣人求贺，上不许。

七月十九日，缅人请吃咒水（即盟誓也）。马吉翔、李国泰挽百官同往，缅人尽杀之。松滋王某、黔国公沐天波、绥宁伯蒲缨、皇亲王惟恭、吏部尚书邓士廉以下共四十二人。缅人又发兵数千围行在，上几自缢，被杀者甚众。吉王同妃缢死，宫人命妇缢者不下百人，尽劫所有而去。

二十一日，缅人复修理草殿，奉上居之，曰："此事非关吾国，因汝各营在外，杀害地方，犯众怒耳。"

十一月十八日，上召都督同知邓凯入宫，谓之曰："太后病矣，未知骸骨得归故里否？"又曰："白文选未封亲王，马宝未封郡王，吾负之！滇黔百姓，我师在彼，苦了多年，今又不知作何状？"

十二月十三日，缅人请上移跸，皇太后、皇后、皇太子同行，二更渡河，乃知其为北人也。

明年壬寅二月十三日，至滇城，蒙尘之后，事秘，不知崩日崩所。或曰：北人扈至某驿，夜半闻上怒骂，即殂落之辰也。

钮琇记：吴三桂缢之贵阳。或曰：同太子绞死云南城。钱曾诗笺：辛丑之冬，天兵逼缅，缅人执帝献于师，挟至云南省城外草萍驿，吴三桂夜杀之，两宫世子皆不免。时李定国尚驻安龙，闻之大怒，与白文选拣精骑一万，两昼夜驰入缅甸，屠戮缅人几尽。仰天大呼，力竭自刎，白文选亦死。遗兵尚二十余万，多入蛮洞中，及散窜安南国。三桂以功晋封平西亲王，即永历故宫名五华者，攘为王府，今改作五华书院。

史臣曰："越闽之事，方国安以累败之余，郑芝龙以鼋鼍鱼鳖之众，而欲使新造之唐鲁以力征经营天下，此必不得之数也。惟帝当李成栋、金声桓之反正，向非高进库梗于赣州（陆世仪《江右纪变》称杨与柯，非高进库也），则其势必合，合则江左偏安之业成矣。逮夫李定国桂林、衡州之战，两蹶名王，天下震动，此万历戊午以来全盛之天下所不能有，功垂成而物败之，可望之肉其足食乎！屈原所以呵壁而问天也！"

明亡述略

[清]佚　名

目　录

序

尝读《明史》自神宗、熹宗时，我太祖高皇帝、太宗文皇帝创造宏业，启辟疆宇。迨庄烈帝季年，流贼李自成陷京师，而世祖章皇帝统一天下，江南、闽、粤、滇、黔以次皆归版图。明之所以亡，大清之所以兴，其迹灿然著也。

昔周之先，太王、王季、文王，累世修行仁义，商德虽衰，不遽取而代之；至于武王，纣恶贯盈，乃始有天下。而其后汉高帝手三尺剑，崛起草泽；唐宋之祖，皆及身践帝阼，明太祖亦奋自匹夫。盖历战国暴秦前后，五代之纷争，金元之乱，人心望治者久，以故取天下若斯之易也。

庄烈帝勇于求治，自异前此亡国之君。然承神宗、熹宗之失德，又好自用，无知人之识。君子修身齐家，宜防好恶之僻，而况平天下者乎？虽当时无流贼之蹂躏海内，而明之亡也决矣。惟学校教养之泽，涵濡人心，四方忠义之士，捐躯断脰，迄国亡之后犹不绝，此以见太祖法制之善，历三百年而未敝也。

居闲读史，执笔学为古文，用述明亡之原委本末，而大清积累之盛侔于周，亦即因之见焉。

锁绿山人述

明亡述略上

庄烈愍皇帝者，讳由检，神宗之孙，光宗之子，而熹宗之弟也。当熹宗时，太监魏忠贤用事，而与乳母客氏通，日引熹宗为声色狗马之事。御史杨涟首发其二十四大罪，魏大中、左光斗之徒群起击之，皆为诬死于狱，而榜海内贤人姓名数百人，削籍禁锢，名曰"东林党"。岁常出游，服物拟乘舆，所过士大夫迎拜称九千岁，其横如此；而客氏尝以计堕张皇后娠，又谮杀裕妃，熹宗遂无子。以故熹宗崩，而庄烈帝即位，帝素恶客、魏，皆置之法。其大臣将相用舍皆取独断，天下望治平矣。

先是，神宗时，海内方富，而房山民上书请开矿砂，始命太监董其事。又征关市杂税，都邑要会各置太监两使，月有献纳，而天下皆骚然。及用兵辽东，乃增田赋充军饷，帝即位再增之。当是时大清已取辽阳、广宁，而临宁远矣。

崇祯元年春三月辛巳，天赤如血。陕西饥，流贼四起。自是天下连岁饥，贼日蔓延。又值延绥、甘肃勤王兵溃，合于贼，势益炽。三年，周延儒始为首辅。四年夏四月，太白昼见，杨鹤以纵贼遣戍，洪承畴代为陕西三边总督。六年，周延儒罢，温体仁始为首辅。七年春二月丙午，白虹贯日，陈奇瑜以纵贼遣戍，洪承畴代为陕西、山西、河南、湖广、四川总督。八年，以卢象升为江北、山东、河南、湖广、四川总理。于时军饷之费盖数百巨万，而言利之臣益起。

李琏者，江南武生也。上书请令江南富家报名助饷，大学士钱士升争曰："此乱本也！都邑有富家，固贫民衣食之源也。今秦、晋、楚、豫无宁宇，独江南稍安。此议出，则无赖亡命相率与富家为难，其势不驱天下之民皆为贼不止。"其事乃寝。而廷议给值山东、河南富家，令买米菽输京师，民益大扰。

九年冬，天狗见豫州分野，荧惑如炬在太微垣东南。十年夏六月，太白经天。温体仁罢，杨嗣昌始[征]（灵皋按：原本空一字，今依文意改）剿饷，帝曰："不集兵无以平贼，不增赋无以饷兵。朕勉从廷议，暂累吾民一年。其布告天下，使知为民除害之意！"[十]（灵皋按：原本空一字，今依文意改）二年，熊文灿以纵贼弃市，杨嗣昌代为督。昌始征练饷，其秋彗星现。十三年，彗星复现。十四年，杨嗣昌死，周延儒再为首辅。十五年，流贼李自成陷河南、湖广。十六年春正月丁酉，大风，建极殿榱桷皆折。夏六月丙戌，雷震奉先殿。其年自成陷陕西，督师孙传庭死之，周延儒罢。十七年春，自成陷山西。其三月己丑朔，有星陨于御河。识者曰：

帝星也。甲辰，自成陷昌平，乙巳犯京师。

初，帝以魏忠贤故[屏宦官]（灵皋按：原本缺三字，姑依文意补）不用，其后以外臣不足信，遂复任之。丙午，太监曹化淳启彰义门，外城陷。是夜，上登煤山，遥望烽火烛天，徘徊逾时，回乾清宫命召太子及永、定二王至，易冠服，藏于外戚周奎、田弘遇家。皇后入坤宁宫而崩，贵妃袁氏自缢，系绝，苏，帝手剑斫其肩，又斫长平、昭仁二公主。天明，出御前殿，百官无至者矣！

丁未，内城陷，帝崩于西山。文武臣范景文、刘文炳之属死者数十人。皇后姓周氏，苏州人，太子名慈烺（灵皋按：原本缺，兹据《明史》校补）。定王名慈炯，皇后生；永王名慈炤，贵妃田氏生。田妃前以十五年薨。自周延儒、温体仁之为相，务植党蔽贤，无治国之术。杨嗣昌兴利，征剿饷、练饷，民日穷困，而杨鹤、陈奇瑜、熊文灿握重兵者，皆以抚贼误国。所恃洪承畴、卢象升一二人，又不克竟其功，明遂以亡。是年大清定天下。

余观庄烈帝时，天变于上，民乱于下，帝苟兢业为国，则其要在于爱民。顾不得爱民之术，反至于虐民。盖无治事之人故也！夫流贼非他，皆此饥寒之民也。不为民而为贼，情虽可悯，而罪不可赦。然而其始视贼太轻，谓此出于饥寒困迫之余，可以[杀]而不肯杀；及其势已成，况有枭雄者为之首，则又畏之太甚，即可杀而不敢杀，于是贼日强而兵不可息，饷不可缓，遂日取敛于无辜之民，无待敌国外乘，而其亡已不旋踵。嗟乎！此谁之过哉！然帝躬行节俭，不好声色，视齐东昏、陈后主、隋炀帝，不啻相悬千万矣！

故制：宰相六人，皆曰大学士，其第一曰首辅。庄烈帝历相五十人，独周延儒、温体仁为首辅最久，而体仁尤帝所向用也。周延儒者，字玉绳，宜兴人，温体仁者，字长卿，乌程人。帝以旧相半魏忠贤所用，以次罢去，而韩爌、李标、刘安训、钱龙锡辅政，孙承宗以大学士督师辽东，一时皆正人。延儒善窥伺帝意，崇祯三年，遂为首辅，而援体仁为党。四年，承宗自辽东罢归。孙承宗者，字稚绳，高阳人也。为人铁面剑眉，须髯戟张，声如洪钟。熹宗时，即督师辽东，以东莞袁崇焕元素为监军，数立边功。承宗尝入觐，魏忠贤疑其以兵讨己，比之于王敦、李怀光。及使人侦之，则袱被载车中，从者赞画鹿善继而已。然忠贤意终不释，以故承宗、崇焕皆罢。崇祯元年，起崇焕经略辽东，镇山海关。其二年，大清兵分道入龙井关，至京师，崇焕率将祖大寿以兵勤王。故忠贤党高捷、史𡐟疏言辽东皮岛大将毛文龙以金易辽阳、广宁二卫，既有成约，崇焕妒其功而杀之，且纳款为内应。词连大学士钱龙锡，帝执龙锡、崇焕，皆下狱，祖大寿恐，引兵遁去。

当是时，都督满桂总理天下勤王兵，未战，胜负莫决，而崇焕下狱，人心惊惧，翰林院庶吉士金声荐同馆刘之纶知兵，僧人申甫善造火器战车，皆可大用。遂命之纶为兵部侍郎，申甫为副总兵，募军从事。大清兵夜破申甫于卢沟桥，黎明袭杀满桂于永定门，勤王兵皆观望莫敢进。

三年，刘之纶败死遵化，而永平、滦州皆失，人心愈惧。初承宗起大学士督师，及是，至京师。祖大寿以兵来归，承宗督师入滦州，再入永平。是役也，祖大寿功第一，承宗再镇辽东。八月磔崇焕，籍其家，兄弟妻子皆流三千里，并戍钱龙锡。崇焕无罪，天下冤之，而明年承宗亦罢。延儒既援体仁为党，体仁阳曲谨媚之，阴实挤焉。六年延儒罢，而体仁为首辅矣。

同时为相者有徐光启、郑以伟、文震孟之属。徐光启字子先，上江人，善天文、历算、水利、农桑、兵法、火器，负经济才。自神宗、熹宗时，累请练兵自效，不能用。庄烈帝以日食失验，诏督修西洋历法，遂为相。年已老，又值延儒、体仁擅政，郁不得志而卒。郑以伟字子器，上饶人，读书博洽，先光启卒。文震孟字文起，吴县人，熹宗时以翰林院修撰忤魏忠贤，斥为民。庄烈帝召充日讲官，遂为相。刚方贞介，有古大臣风，体仁惮之。既相三月，以荐用许誉卿与体仁争，不能得，出愤言，体仁遽以闻，帝怒，罢去。其余黄士俊、孔贞运虽为相，而立朝碌碌，无足称道。王应熊、吴宗达则皆附体仁。体仁为人阴鸷，机深刺骨，一言辄入人于罪，廷臣争劾之，帝以为孤立无党，信任益坚。其十年，与张汉儒共讦故礼部钱谦益，事败，放归，旋死。而张至发、薛国观为首辅，皆效法其所为。至发起自外吏，体仁窥帝意欲相外臣，故荐之，而国观尤贪赂贿云。

延儒既罢相家居，吴昌时为赂太监，谋起用，会帝亦思用延儒，十四年，复为首辅。岁元旦，帝揖延儒曰："以天下听先生！"其重之如此。是时兴化吴甡与并相，各树党。附延儒者曰"江南党"，附吴甡者曰"江北党"，各从其所居地为名也。十六年，大清兵至京师，吴甡先奉命剿流贼，延儒乃自请督师驻通州，不敢出战，日与幕客饮酒，伪驰疏报捷。及还朝，请议将吏功。襄城伯李国桢欲为其私人请功不得，发其军中阴事以闻，而吴甡亦以剿贼逗留得罪。帝怒曰："两辅臣负朕！"延儒复放归，旋逮之，赐死；而陈演、魏藻德为首辅。京师陷，皆降李自成也。

盖君子小人之辨，其难矣哉！小人相与倾君子，君子亦相与排小人，然而人主反信小人而疑君子，何也？惟小人之结小人，善掩其嫌疑之迹，其倾君子也，则又中于隐微，乘于仓猝。君子则不然：其是一人，同然是之；其非一人，同然非之。人主反以为此小人之党也，彼君子之无党也，于是君子小人颠倒于人主之心矣。闻文震孟之在经筵，尝讲《尚书》至"为人上者奈何不敬"，数目帝，帝适加足于膝，即以袖掩之，徐引下，其善格君非如此！孙承宗自少时，常喜仗[剑]（灵皋按：

原本作"何"不可通，姑依文意妄易之）走塞下，从材官老兵游，以故晓畅边事。其深算老谋，善于用兵，使庄烈帝常相此两人，明之亡不亡，未可知也。周延儒、温体仁未闻其进一善言，未闻其行一善政，顾乃震孟之罢也，体仁谓其党许誉卿，承宗莫知来由罢，盖亦体仁倾之矣。其在书曰："人之有技，媢嫉以恶之；人之彦圣而违之，俾不达；实不能容，以不能保我子孙黎民。"其体仁之谓欤！

陕西自累岁大饥，民劫府库为贼。强者各立名号，相从日众，而总督杨鹤以抚贼为功，贼伪降复叛。鹤坐戍，而洪承畴代其职，于是贼众分犯山西、河南、湖广、四川。及陈奇瑜为陕西、山西、河南、湖广、四川总督，贼避其锋，皆还陕，奇瑜促之于兴安车箱峡。是时贼渠李自成、张献忠皆在焉。峡四山巉立，险隘难出，贼惧，以计伪降，奇瑜受之，贼出复叛。奇瑜坐戍，而承畴代之矣。

承畴字亨九，晋江人，起自文吏，而武勇精韬略，善抚御将士。当其代杨鹤也，督将击贼，大小百余战，斩首四万级，自擒贼渠三人，斩一人，关中贼略平。及代陈奇瑜也，贼众二十万大至，总兵艾万年、柳国镇遇伏战死临洮。总兵曹文诏大怒，请行，承畴喜曰："非将军不能破此贼！将军行，吾自泾阳趋淳化，为后劲。"文诏受命，行次真宁，遇伏，力战不支，自刎死。文诏忠勇善战，西民为之谣曰："军中有一曹，西

275

贼闻之心胆摇！"其死也，贼中为相庆焉。当文诏战死，其从子变蛟收溃卒，成一军。变蛟亦善战，勇冠军，贼中闻大小曹将军名，皆胆慑也。承畴自帅兵御贼于泾阳、三原间，决死战，贼不敢逼。

其年，总理卢象升督关外军，而承畴以总督专剿贼关中。其后巡抚孙传庭擒贼渠高迎祥，而承畴设三伏于潼关南原，促李自成，自成遂不振。承畴自崇祯四年为总督，至十一年破贼立大功。其年，承畴以蓟辽总督镇宁远，曹变蛟以左都督从。先是，袁应泰丧辽阳，王化贞丧广宁，而孙承宗、袁崇焕筑宁远为重镇。其后承畴兵败宁远，而降于大清，曹变蛟死之。朝廷以承畴为殉难也，予赠祭焉。

闻之杨鹤有清望，然不善用兵；而陈奇瑜之巡抚陕西也，常连斩贼魁。贼有据永宁关者，攻之未下，奇瑜曰："是未可以力取也！"乃阴简锐士，扬言总制檄发兵，命总兵贺人龙将之以西，自为后劲，直抵延川。俄策马而东，曰："视吾马首所向！"即潜师疾走入山，贼不虞大兵猝至，皆惊溃，遂焚其巢。迹其出奇制胜，真将才也。设兴安之役，斩其巨魁，而收其余党，其功可胜言欤！呜呼，人非才之难，善用其才者难也！曹文诏、变蛟至以死殉，可谓善用其才矣！

督师兵部尚书赠太子太师谥忠烈卢象升者，字建斗，号九台，宜兴人也。美丰仪，貌白皙而臞，以进士起家。然勇力善骑射，娴将略，尝以大名道备兵三郡，击斩贼[首]（灵皋按：原本缺一字，今依文意补正）五六千级，收还所失男女三万人，贼相戒不敢犯大名。累迁郧阳巡抚、湖广巡抚，擢江北、山东、河南、湖广、四川总理，兼督山西、陕西军务。所至杀贼决胜，贼群惮之，号为卢拼命。移宣大、山西总督，[清兵]（灵皋按：原本缺，姑依文意妄补之）入寇，闻名遁去。崇祯十一年，以父忧[请]（灵皋按：原本缺，姑依文意妄补之）奔丧，疏十上，而诏为兵部尚书，督天下勤王兵。是时大学士杨嗣昌方夺情用事，而太监高起潜衰绖为监军，象升曰："吾三人皆不祥之身也，人臣无亲，安有君？杨公夺情，亦欲吾变礼分谤，处心若此，安可与事君？"闻嗣昌、起潜皆主和，顿足叹曰："吾受国恩，宁损躯脰以死！"及都，庄烈帝召问方略，对曰："臣主战！"明日，嗣昌至军中，象升厉声责之，即拂衣去。以高起潜不欲战，因疏请分兵。廷议宣大、山西兵属象升，关宁兵属起潜，而山西总兵王朴引军溃去。象升名督天下兵，部下只宣大兵五千人而已。是日次宿畿南，其父老叩军门请曰："三郡子弟皆以为昔无公不生，今无公必死。公且移军广顺，召集义师十万人，可一呼从也，奚以孤军冒险哉！"象升谢之曰："自吾经数十百战，未尝败衄。今分兵五千，事由中制，吾旦暮死矣，无累尔父老为！"遂进军巨鹿之贾庄。翰林编修杨廷麟言于帝曰："昔南仲在内，李纲无功；潜善秉成，宗泽陨命。今卢象升孤军赴敌，非国家之福也！"嗣昌大怒，阳荐廷麟知兵，参其军。象升使乞援于起潜，拥关宁兵距五十里不至。夜半，大清兵围三匝，令宣大两总兵虎大威、杨国柱张左右翼，自挥刀陷阵，三军殊死战，至日中，矢石皆尽，虎大威挽其马，欲突围，象升呼曰："吾不死疆场，死西市耶！"独夺身斗死，大威、国柱溃围得脱，时十二月十二日也。象升死，时年三十九。余闻高牟侯宏文者奇士也，尝散家财募军从象升，湖广巡抚王梦尹以扰驿闻，象升欲救之，不得，王梦尹岂有宿怨于宏文耶？何扼之使必不得其志也！又闻象升好畜骏马，尝单骑战贼南漳，遇伏，引还至沙河，水阔数丈，不能过，其骑号五明骥者，一跃过之。精诚足以感物如此，而独不能感杨嗣昌！抑洪承畴之降也，则以为死；象升之死也，而以为降。好恶由于一心，颠倒甚矣！

高起潜闻败，仓皇遁归，不言象升死。嗣昌使锦衣逻卒察实。其一人俞振龙者，归言象升死状，嗣昌怒鞭之。廷鞫对如初，竟拷死。千总杨国栋塘报至部，嗣昌令缘饰逗挠状，不许，予以极刑，无变词。越三日，副将刘钦得尸以告赞画杨廷麟，廷麟率其下[舁]（灵皋按：原本作"升"，今依文意改）入真定东关，而守臣素识面者，佯不辨。廷麟愤甚，集兵民视之。一卒遥见即踊哭曰："我卢爷也！"众罗拜大哭。顺德知府于颖上状，嗣昌故靳之，越七十五日始克殓。廷麟经纪其丧以归。及嗣昌死，始赠太子太师，谥忠烈。象升忠义性生，为国爱才，恤焉如不及，三赐剑，未尝戮一偏裨，然令出不可犯。杨廷麟字伯祥，清江人，后为唐王守赣州，死节。

杨嗣昌者，字文弱，武陵人，其父杨鹤，即总督陕西抚贼误国被戍者也。嗣昌以宣大、山西总督，上疏言边事，庄烈帝异其才，其父死戍所，又遭继母丧，夺情起兵部尚书，遂议募兵分剿，期百日平贼而荐熊文灿为督师。

文灿故蕲水人，尝以两广总督抚[降]（灵皋按：原本缺一字，今依文意补，确否待考）海贼郑芝龙，即用芝龙讨平海贼刘香，因重赂朝臣，谋长镇岭南。而帝疑刘香未死，遣太监觇其实，因置酒留饮，而厚贿之。太监言及中原寇乱，文灿被酒击案骂曰："若文灿在，讵令至此！"太监乃曰："吾衔上命觇公，公信有当世才，非公不能平此贼！"文灿出不意，悔失言，太监见帝言之，而文灿姻娅姚明恭言于嗣昌曰："此有内援，可引也！"故嗣昌荐之。

崇祯十年，文灿受命总理南畿、河南、山西、陕西、湖广、四川军务，行次庐州，谒所善僧空隐，空隐笑曰："流贼非海贼比，公用何策办之？"曰："抚之何如？"空隐曰："吾料公必抚，然其慎之！"明年，至安庆，使人招贼渠张献忠降，献忠闻嗣昌大发兵而恐，又败于总兵左良玉，遂就降。文灿刊招降檄，布通都，下令："杀贼者偿死。"贼不从，则赉金帛招之。嗣昌心知其非，业任之，遂曲为解也。于是湖广巡抚余应桂上疏曰："熊文灿办贼之策曰先抚后剿，乃者遣使招贺一龙，而使者被杀；遣使招李万庆，而所赉金帛被掠，未闻有如是抚法也！文灿兵至麻城，杀乡民报捷，至蕲水亦然。麻城，文灿婿家也，戚里如此，他可知矣。蕲水，文灿家园也，乡里如此，他又可知矣。未闻有如是剿法也！张献忠虽降，在谷城招纳亡命，买马置器，文灿顾欲借为前茅，行见即日叛矣！"

明年，献忠反，群降贼皆起，嗣昌知不可匿，以事闻。文灿弃市，其姻娅姚明恭已为相，而不能救也。嗣昌前既与太监高起潜比，而陷卢象升于死也，孙传庭又忤嗣昌，系于狱，无可任讨贼者，文灿又己所荐，失事，遂请自效。帝大喜。十三年，嗣昌以大学士出为督师，帝赐斗牛衣一，良马金鞍各二，赏功银帛数万，备极优崇荣宠之礼。嗣昌至襄阳，以楚地广衍，不能制贼，命将以重兵驱献忠入蜀，与战，大胜，捷闻，赐如初。嗣昌自驻云阳，监军万元吉曰："贼必东返，请以兵从间道扼其归路。"不听。明年，献忠果以轻骑疾驰陷襄阳，尽得所贮五省饷银数百万，而杀襄王，曰："吾欲杀杨嗣昌，借王头，俾以陷藩伏法！"嗣昌闻而大惊。又闻李自成陷洛阳，杀福王，以其血杂鹿醢，名曰"福禄酒",遍饮群下,嗣昌益忧惧,遂不食而死。先是,大学士蒋德璟尝曰:"足食莫如重农贵粟,北平、山陕,请听民开垦课种桑枣,修农田水利。"顾不能用也。而嗣昌之议募兵分剿也,加赋于民,曰"剿饷",又命州县练乡兵,加赋曰"练饷"。蒋德璟曰:"杨嗣昌倡聚[敛](灵皋按:原本作"可",今依文意改正)之说,以致天下民穷财尽,请追正其罪!"不听。其后献忠陷武陵,发其祖墓,焚其七世之枢,而断嗣昌尸,家人获半体,葬焉。

督师兵部尚书孙传庭,字百雅,代州人,长七尺二寸,沉毅多智略,尝以陕西巡抚擒贼渠高迎祥者也。杨嗣昌之议募兵分剿,期百日平贼,以传庭扼商洛,当一正面。传庭知其议不可用,不即应命,嗣昌言军法不行于秦,自请白衣领职。庄烈帝怒责之,传庭曰:"设臣籍郡县民兵遂为及额,则臣先所报屯兵已及额矣。况更有募练,马步军且逾万,何尝不遵部议乎?然设贼入商洛,而臣不能御,则治臣罪;若臣扼商洛,而逾期不能灭贼,误剿事者谁也?"遂忤嗣昌,既而数破贼于澄城、淳化、阌乡、灵宝间,立大功,嗣昌抑不奏。而熊文灿予檄云:"无妒吾抚功!"嗣昌亦云,乃怏怏撤兵。后以勤王兵至京师,始擢兵部尚书,代卢象升督师,京师解严。嗣昌用洪承畴总督蓟辽,欲留陕西兵隶之,传庭争曰:"陕兵不可留,留则贼势愈张,是代贼撤兵也！"嗣昌不听，以为保定、山东、河南总督。疏请陛见。嗣昌谓为将倾己也，斥来使赍疏还。传庭愤甚，遂引疾。帝怒，斥为民，下之狱，举朝知其冤，畏嗣昌莫敢为言。

逾二年，嗣昌死，丁启睿代为督师，而以傅宗龙代启睿总督陕西三边。傅宗龙字仲纶，昆明人，尝以贵州监军破酋贼安邦彦，累迁蓟辽总督，用小故夺官，起为兵部尚书，忤帝意，系狱，用朝臣荐，以兵部侍郎总督陕西三边，专剿李自成。崇祯十四年，以贺人龙、虎大威两总兵出潼关，遇自成于汝水，人龙、大威溃走，贼围宗龙数匝，突围出，被执，以绐项城。不可，抽刀击之，中脑死，而以汪乔年代。

汪乔年字岁星，遂安人，尝知青州，决狱廉平，以卓异累迁陕西巡抚，擢兵部侍郎，代宗龙。乔年曰："我兵疲饷乏，而当方张之寇，如以肉喂虎也。然不可不一出，以持中原心。"十五年，以贺人龙、郑嘉栋、牛成虎三总兵出潼关，遇自成于襄城，人龙、嘉栋、成虎皆走，乔年入襄城拒守。城陷，拔刀自刎，不殊，贼磔之。是时传庭系狱三年矣，用朝臣荐，起代乔年为总督，至关中，即缚贺人龙数之，以其遇贼先溃，而连丧二督也，乃斩之，诸将莫不洒然动色。以兵至南阳，天雨积旬，粮绝，士卒采青柿为食。自成迎战于冢头，弃军资溃走，士卒争取之，贼不战遂败。于是决意守潼关不出，而督师丁启睿以败褫职。十六年进兵部尚书，改称督师，兼督山西、河南、湖广、四川、贵州及江南北军。促出战。传庭顿足叹曰："奈何！吾固知往而不返也，然大丈夫岂能再对狱吏乎！"再出师，破自成于宝丰、唐县。至襄城，天大雨七日，夜粮车不至，命退就粮。自成追之南阳，败绩，退守潼关。自成乘胜攻关，破之；乃跃马挥刀，冲贼营而殁。自成遂陷西安。其妻张氏率二妾二女沉于井，八岁儿世宁逾墙坠民舍中，一老翁收养之，得免，而长子世伦闻变，重跰入秦，得张氏尸井中，面如生，传庭尸[身]（灵皋按：原本作"者"不可通，姑妄易之，待考）不可得，老翁归世宁，兄弟扶携返。道路见者，知与不知，无不为之泣下。传庭死，朝命兵部侍郎余应桂代为督师，以无兵饷不敢出，褫职；而以陕西巡抚李化熙代，化熙亦不能进云。

呜呼！用兵之法，审势而已，我众彼寡，利用战；彼众我寡，利用守。故战无不胜，而其几莫可失也。守则或乘其懈，或待其变而[攻之，或姑缓]（灵皋按：原本作"有女之姑绥"不可解，姑妄易之）之而不容急也，则守亦所以为战之地而已。杨鹤、陈奇瑜之时，贼势未张，故数战数[不]（灵皋按：原本作"天"，今依文意改）免[于]（灵皋按：原本作"二"，今依文意改）言抚，此一误也。洪承畴、卢象升战无不胜，而不与竟其功，此二误也。熊文灿庸才，再以抚败，杨嗣昌曲从之，此三误也。至嗣昌为督师，贼势已强，宜守战兼用。顾撤四川兵，使不克守，俾湖广之战遂无功，此四误也。至傅宗龙、汪乔年以彼众我寡之势，战无不败，宜矣！孙传庭欲守潼关，盖计之得也，彼促战者，适促之死而已。卢象升尝曰："有剿法，无堵法；有战法，无守法。"此为其前言之势也。至其后则宜以守为战，以堵为剿，亦势也。然传庭之再出师，皆以雨败，此有天焉！盖民怨愤之气结，而天应之，则彼重敛虐比者之罪，可胜诛哉！

山西凭河为险，其西控关陕，北与宁武犄角，东历大同、宣府、居庸遂达京师，故山西为京师之西要塞，而蔡懋德为巡抚。李自成之陷潼关，将渡河而东，懋德以兵御于河，疏曰："贼势猖獗，畿辅阽危，万难画界自保。今日之失，正在贼聚而攻，我散而守，故处处无坚城，何者？势不敌也。请发禁旅，并调真保大营、宣大二抚，与臣合兵，尚可背城一战。否则，畿辅以西，恐成破竹之势矣！"而晋王以书[促]归太原，自成遂陷平阳。巡按汪宗友劾其不守平阳，而归太原，遂有旨解任，以郭景宗代。中军应时盛曰："公有解任之旨，例可出境代也！"懋德毅然曰："虽新抚至，吾亦与同死！汝爱我，无多言矣！"崇祯十七年二月，自成以众攻城，预埋地雷城外，夜使壮士发之，杀贼无数，而标将张雄跳城归贼，伏其党于城楼，夜半纵火，贼乘势而登。城破，自缢于三立祠。懋德字维立，昆山人，好王阳明之学，三立祠即尝与诸生讲学处也。先尝视学江西，登白鹿洞，讲《孝经》，听者感动，以为自陆象山后所再见焉。又尝为济南道，有泰安州，素贪暴不法，惧不免，因其生日，置金带绮服，躬捧上寿，懋德自提所束带笑曰："吾十余年一铜带，转觉馨香耳！"其人惭而退，明日解绶去。以故所至，墨吏望风引避。自成既陷太原，遂围宁武。

周遇吉者，[字]萃庵，辽东锦州人也。为人质鲁，然用兵多智谋。少起行伍，积功至京营游击，数讨贼河南、湖广，以总兵守宁武。自成之围太原，遇吉请济师于朝，朝命副总兵熊通率兵二千来赴。自成使人邀通说遇吉降，通如其言，遇吉叱曰："尔统兵二千，不能杀贼，反为贼作客耶？"立斩之，传首京师。及自成兵至攻城，数用奇杀贼无算，贼将曰："我兵百倍于彼，只用十攻一，更番乘之，无不济！"攻四昼夜，城陷，跃马巷战，被执，贼悬高竿，射杀之。其妻刘氏，蒙古人，率妇女数十人，登屋而射，贼纵火焚之，阖家尽死。

自成检前后杀死将士凡七万余人，因曰："宁武虽破，吾将士死者过多。自此达京师，历大同、宣府、居庸，皆有重兵。设尽如宁武，吾属岂有孑遗哉？不如还陕休息，再图后举。"而大同宣府总兵姜瓖、王承胤降表皆至，自成大喜，遂以众至大同。姜瓖降，巡抚卫景瑗死之。至宣府，王承胤降，巡抚朱之冯死之。遂至居庸，长驱陷京师。呜呼！余闻李自成之至宣府也，巡抚朱之冯登城命发大炮，左右默不应，自起燕火，则炮孔钉塞，或且从后掣其肘。人心如此，虽忠义[又]（灵皋按：原本缺一字，今依文意姑妄补之，待考）何能为耶？

四川房竹之界，凡为隘口三十有二，扼其要塞，则外寇不得入。而督师杨嗣昌欲驱贼入川，又虑川兵制险，乃调其精兵入麾下。张献忠遂犯房竹，入隘口。巡抚邵捷春以弱卒保重庆，而檄总兵张令守黄泥洼，女总兵秦良玉与重庆相犄角。

秦良玉者，石柱宣抚使马千乘妻也。千乘尝从军播州讨杨应龙，良玉别统精兵五百人从，连破金筑七塞，取桑木关，为南川路战功第一。千乘为事死云阳狱，良玉遂领其众。其兄邦屏以援辽东死浑河，而弟民屏讨酋贼奢崇明战死，良玉自率兄子翼明、拱明大破奢崇明，以都督佥事充总兵。其为人善骑射，兼通词翰，仪度娴雅，而驭下严峻，军行肃然。绵州陆逊之为捷春按行军垒，至良玉营，良玉冠带出见，为置酒，慨然言曰："邵公移我兵与重庆犄角，而以张令守黄泥洼，殊失地利。贼据归巫而下，张令必破；令破及我，尚能救重庆乎？且督师以蜀为壑，邵公不早争山夺险，令贼无敢即我，而坐以设防，此危道也！"逊之曰："然！"还以良玉言告捷春，捷春乃自移营大昌，而以张令守竹菌坪。

当良玉为陆逊之置酒也，逊之戏曳其袖，良玉即引佩刀断之，逊之大惊。而吴伟业于良玉多异词，李长祥辨之详矣。良玉一妇人，然其忠勇之气，丈夫不能及，太史公以留侯"状如妇人好女"，谓不可以貌取人。呜呼！自来奇伟之人，岂尽出于状貌魁梧者乎？

张令者，永宁宣抚司人也，年七十余，能于马上用五石弓，中必洞胸，军中号"神弩将"。献忠兵至大昌，张令出战。挫其锋，一贼呼曰："若善弩，今用相报。"发矢中项死，良玉趋救不克。捷春退保绵州，遂归成都。杨嗣昌劾捷春失事，逮之。捷春治蜀有惠政，士民哭送者满路。至京师，知不免，仰药死狱中，时崇祯十三年也。十五年，陈士奇为巡抚，明年，龙文光代士奇，士奇自以知兵留蜀。良玉画全蜀形势图上之，请益兵守隘口，士奇、文光皆不能用。明年，献忠再入蜀，文光、士奇皆死之。良玉驰救，以众寡不敌败去，全蜀尽陷。良玉慷慨语其下曰："吾兄弟二人皆死王事，吾以一妇人蒙国恩二十年，今不幸至此，敢有从贼者族无赦！"献忠下令招蜀中土司，无敢至石柱者焉。

李自成者，米脂人，张献忠者，肤施人。二人同郡，同岁生。自成尝充银川驿卒，数犯法不死，献忠隶延绥镇为军，坐法当斩，已而释之。崇祯初，陕西贼起，安塞高迎祥聚众称闯王。迎祥者，自成之舅也。其明年，献忠据米脂十八寨，称八大王，而自成从迎祥，称闯将。其时贼众四起，各立名号，众至二十余万，七十二营，或曰十三家，或曰十五家，不得而详也。然遇官兵数战数败，其众离合聚散无常。

其七年，总督陈奇瑜围迎祥、献忠于兴安山峡中，不能出，乃用自成计伪降奇瑜，果不杀，命送回籍。渡栈道，遂起噪，屠七州县，势大振。明年，十五家贼聚河南，遂犯江北，焚凤阳皇陵。自成与献忠争皇陵善鼓吹太监，不得而怒，乃偕迎祥还陕西。自成妻邢氏美容色，武勇多智，掌军资。其将高杰日支粮过邢氏营，通之，私随杰降于总督洪承畴。自成追邢氏，与承畴战，败，遂复合献忠。明年，献忠犯湖广，迎祥、自成还陕西，而巡抚孙传庭擒迎祥杀之，其众乃推自成为闯王。

十一年献忠以总兵左良玉旗绐宛城，遇良玉，受重伤，不能战，乃伪降于总理熊文灿。其十三家贼罗汝才、马守应之徒，数败于洪承畴、孙传庭，前后皆降。自成亦先战败，匿终南山不敢出，朝廷谓天下遂无贼矣。明年，献忠叛于河南谷城，群降贼一时并起，独王光恩、刘国能、李万庆遂留，其后为国战死。明年，自成闻献忠叛，自终南山出，聚众投之。献忠欲杀之，自成觉，遁去。

当是时，河南大旱，其饥民多从自成。举人李信、牛金星皆归焉。金星荐卜者宋献策、陈图识，言十八子当主神器，李信因说自成曰："取天下以人心为本，请勿杀人，收天下心！"自成大悦，为更名曰"岩"，甚信任之。献忠之叛也，左良玉追败之于玛瑙山，获其妻妾敖氏、高氏，督师杨嗣昌置于襄阳狱。襄阳令王承曾年少佻达，伪托问贼中情事，与笑语，防禁遂疏。明年，献忠自四川率众东出，夜袭破襄阳，复得所失妻妾，左良玉击之，乃遂趣河南投自成。自成亦欲杀之，罗汝才曰："不如留之，使扰汉南，分官兵之势。"献忠遂犯江北，复入湖广，陷武昌。明年自成陷荆襄。

自成自初起，犯山西、河南，数还陕西，再入四川。及陷河南，所至残毁，既掠湖广，始谋以荆襄为根本，而罗汝才、马守应皆以兵与合。汝才众十余万，守应亦数万。明年，自成晨入罗汝才营，斩于帐中，尽兼其众，还夺马守应兵，使人谓献忠曰："马守应已降，罗汝才诛死，行及汝矣！"献忠惧，遂弃湖广，犯江西，再犯广东，遂入四川。是时十五家贼降死殆尽，惟自成、献忠存，而自成独劲。乃集其下计掠地之策。或曰："乘胜取京师。"或曰："下金陵，断燕粮道。"其将顾君恩曰："金陵居下流，成事失之缓，直走京师，退安所归？关中，大王桑梓邦也，百二河山，足以建立基业。然后旁略三边，资其兵力，攻取山西，再上京师，乃万全策也。"自成曰："善！"于是率众还陕西，陷潼关，分兵取列郡。明年，引兵渡河，掠山西，遂陷京师。文武臣报名迎降，量其官爵，勒献金多少有差，而籍山海关总兵吴三桂家，得其妾陈沅。沅故歌妓，以色艺擅名者也。自成悦之，命三桂父襄为书招三桂降，三桂闻陈沅被掠，大怒，遂乞师于大清，以兵至。

自成率众四十万战于山海关，大败，还京师，纵火焚宫殿及九门城楼，尽载金宝归西安，而前取河南州郡皆反正。李岩请以兵抚之，牛金星素忌岩，阴告自成曰："岩雄武有大略，非能久下人者。河南其故乡，假以大兵，必不可制。十八子之识，得非岩乎？"自成因令金星与饮而杀之。自成素嗜杀人，以岩言，故谬为仁义。岩死，乃残暴如故，而献忠嗜杀更胜自成。四川自献忠之乱，首杀士大夫，次杀兵民。民逃深山，草衣木食，体皆生毛。献忠以川中民尽，乃焚成都宫殿，率众窥西安。是时大清兵追自成至西安，自成以六十万众迎战，败走武昌，命其部先发，自率二十八骑督其后，过通城九宫山，村民见贼少，争以农器击之，而死。而献忠至西安，遇大清兵，中矢坠马，斩之，二贼一时尽灭。

初，自成祖墓相传为术士所定，圹中置铁灯笼火，曰："铁灯不灭，李氏当兴！"及自成叛乱，陕西巡抚汪乔年奉诏发之，圹中火光荧荧，一金虬见日而飞，乔年命斩之，铁灯遂灭。当自成之围开封也，总兵陈永福自城上射之中目，自成一目遂眇。其后自成欲降永福，与折箭为誓，其能感人心，使相归附如此。士庆者，献忠称为老神仙，能活死人。贼中多异人，大都此类也。然士庆之为药，用妇人，残忍秽亵不可言，则真贼之徒而已！

明亡述略下

呜呼，天之厌明久矣，其兴可复望哉！使得贤主建国，君臣同心，无蹈前代之辙，江以南犹不能长保，况承以淫昏之人，欲苟延其祚，得乎？然其臣皆激于忠义，事虽无成，固不得而泯没也。

福王由崧者，神宗之孙，而庄烈帝之从父兄也。父曰常洵，郑贵妃之子也，宠于神宗，因谋夺嫡，不就国。大臣数谏，乃始归藩洛阳，赐予之盛，几倾大内。尤好酒色，不理事。李自成之陷洛阳，杀常洵，而由崧亡安庆，庄烈帝命袭爵。帝崩，南京议立君，兵部尚书史可法曰："以伦序，福王当立，然其为人不孝虐下，干预有司，不读书，贪淫酗酒，不如立潞王。"而凤阳总督马士英用阮大铖计，欲立君，图拥戴功，乃以兵送由崧入都，大臣不敢异议。可法劝具称监国，待庄烈帝故太子，不听。夏五月即位，改元弘光。

当是时，故旧大臣皆以中兴望王，而王用马士英为首辅，阮大铖为兵部尚书，二人报复私怨，兴大狱，导王以淫乐之事。大学士姜曰广、高弘图、吏部尚书张慎言、徐石麟之徒，皆致仕引去，朝野知王不可有为矣！

弘光元年春二月，僧大悲以冒称定王伏诛。定王者，庄烈帝之少子慈炯也。而鸿胪寺少卿高梦箕奏言：故太子慈烺，自持丧驻兴善寺。王使太监审视还报，夜移至掌锦衣卫冯可京邸，明日命百官审视，或曰："此故驸马都尉王昺孙王之明，貌类太子者也。"王谓百官曰："朕无子，若此真先帝太子，即[朕]（灵皋按：原本作"官"，姑依文意妄易之）之太子矣！"于时河南巡抚越其杰具仪卫送童氏入都，自言王之故妃，以乱相失者。王曰："王之明冒称故太子，童氏冒称故妃，罪不赦！"三月皆下之狱。童氏竟死狱中。

夏四月，宁南侯左良玉举兵反，上疏曰："方今皇太子至，授受理明，而奸臣马士英信朋谋之刘正宗，不用识认之方拱乾，凡有血气者，皆欲寸磔士英以谢先帝！"士英大恐。己未，杀故给事中周镳、故金事雷縯祚，皆主立潞王者也。而以江北镇将黄得功、刘良佐、刘泽清御良玉，大清兵遂渡江北。丁丑，下扬州，督师大学士史可法死之。五月，王出奔，民千余人入狱拥太子入朝，罗拜呼万岁。己亥，大清兵下南京。癸卯，执王于芜湖，太师靖国公黄得功死之。明年，王薨，而江南列郡起兵者众，江阴阎应元尤城守八十余日。王之立既由马、阮，小说家谓福王久死，大铖伪取乞人为之。噫！王之淫昏，马、阮之奸，人心所恶，故为是言，盖诬妄不足信云。

　　武英殿大学士兼兵部尚书督师史可法者，字宪之，号道邻，其先祥符人也，占籍大兴。少时出左忠毅公光斗门下，以进士累官佥都御史，出为安庐道，巡抚淮扬，拜南京兵部尚书。其为人短小精悍，面黑，目烁烁有光，具大将才。督兵讨贼，大小数十百战，皆以身先士卒。军行不具帷幕袯被，天寒夜坐草间，与一卒背相倚假寐。霜满甲胄，往往成冰。李自成之犯京师也，督师渡江勤王，闻京师陷，庄烈帝崩，恸哭发丧而还。福王立，拜武英殿大学士，督师扬州。

　　当是时，以总兵刘泽清辖淮海，驻淮北，经理山东；高杰辖徐泗，驻泗水，经理开归；刘良佐辖凤寿，驻临淮，经理陈祀；黄得功辖滁和，驻庐州，经理光固。号为四镇，皆[受]（灵皋按：原本作"授"，今依文意改）可法节制。而四镇皆以兵争驻扬州，城中大恐。可法闻变飞骑至，得功、良佐、泽清皆退兵。

　　高杰者，尝为李自成亲将，窃自成妻邢氏来降，为总兵，封兴平伯，骁勇善战，常为军锋。杰素惮可法，是日朝帐中，色变，汗浃背，可法导以君臣大义，而杰前所窃邢氏，常劝之倾心于可法，可法喜曰："吾得杰，大事定矣！"杰谓可法曰："杰既以身许公，而妻子暴露野次，无以安内顾，敢终以扬城为请！"可法遽迁己东偏，虚己署处之。其九月，以杰进兵归德，祭旗，疾风折大纛，参军应廷吉言于其友曰："明年太乙在震，而角亢先掩寿星之次，法当躔上将，吾惧阻众不敢言！"可法亦问廷吉曰："星垣失耀，奈何？"廷吉曰："上相独明！"可法怆然曰："辅弼皆暗，上相其独生乎？"

可法日经理军务，躬亲薄书，至夜分不辍，参军黄日芳从容言曰："相国当节劳珍重，无以食少事繁蹈前人故辙！"可法曰："吾固知之，然此何时，敢自暇逸乎！"十二月除夕，遣文牒，至夜半，倦，索酒，连饮数十觥。可法素善饮，数斗不乱，在军中绝饮。是夕醉，思先帝，泫然泪下，遂凭几卧。比五鼓，将士集辕门，辕门不启。左右遥语，故知府任民育曰："相国此夕卧，不易得！"命鼓人仍击四鼓，戒左右毋闻相国。须臾可法寤，闻鼓声怒，将士述民育意，鼓人获免。

弘光元年正月，高杰兵至睢州，为总兵许定国所杀。可法闻变，流涕顿足叹曰："事不可为矣！"乃以杰甥李本深为提督，统其军还扬州，而疏其子元爵袭封兴平伯。其四月，马士英奏以可法督黄得功、刘良佐、刘泽清，讨宁南侯左良玉。可法疏请留镇兵防江，而自往谕良玉，要与俱西。不许。而大清兵下江南，始诏还扬州，乃昼夜兼程而返，谓应廷吉曰："君言夏至前后，南都多事者何？"廷吉曰："今岁太乙阳局，而文昌与太阴并，夏至之后，更换阴局，大事去矣！"可法曰："如君言，奈天意何！"城破，死之。可法无子，副将史德威觅其尸不可得，逾年始举袍笏招魂，葬于梅花岭。其后列郡起兵者，多假其名号，故时谓可法不死云。

可法之将，曰乙邦才者，好弹琵琶，尝置酒会客。侍姬歌秦声，自弹琵琶和之。歌已，视客曰："邦才自起行间，致大将，所可报国者，惟此身耳！"曰马应魁者，常披白甲，背书"尽忠报国"四字。其余忠义之士如此类者数十人，城破，皆巷战死。可法死二十余日，南京遂亡。

靖国公黄将军得功者，字虎山，辽东开原卫人也。少落魄无聊，为郡商执鞭入京师，途遇群盗，众商皆逃，独手提两驴蹄御贼，由是知名。隶辽东经略为亲军，累功至游击。以京营副总兵从总督熊文灿击贼舞阳，战光固间，再击贼淅川，破之。从太监卢九德击贼板石畈，大破之。以总兵驻定远，追贼渠张献忠至潜山，擒贼将四人，斩首六千余级。以总兵驻庐州，而献忠围桐城，桐人间道告急，以兵至，大败献忠而还。献忠复围桐城，桐人再告急，期以四日，兼程三百，行六百余里而至。贼众皆乱，弃军资走。献忠呼曰："黄将军何相扼也！留献忠勿杀，为将军立功地，取公侯！"得功曰："吾第欲得汝头，何公侯为！"举鞭击其首，献忠负痛逃去。得功尝有爱将曰林报国，常为军锋，贼赵虎设伏诱之深入，战死，得功闻而大怒。匹马突入阵，斩虎首级还。贼中有勇将年少嗜杀，号无敌将军，呼于阵曰："吾为汝曹擒黄将军！"贼众皆按辔观，得功奋勇大呼驰战，一合擒无敌将军，置马上。贼众大奔，莫敢仰视。以故贼皆闻名而遁。其为人好饮酒，善用铁鞭，既醉，提鞭酣战，勇气百倍，军中呼为"黄闯子"，而行兵严纪律，其下无敢犯法，所至人感其德。定远、庐州、桐城皆为立生祠。一时名将如曹文诏早死，不竟其功，而左良玉养贼自重，邓圯、许自强辈尤龌龊庸懦不足数，江淮间皆倚得功为长城云。崇祯十七年，叙功封靖南伯，福王立，晋左柱国、太师、靖国公，与刘良佐、刘泽清、高杰同列为四镇。

刘良佐尝乘斑马破贼，军中称"花马刘"，刘泽清略涉文艺，性凶忍，而高杰尤强傲。登莱总兵黄蜚者，与得功同姓，称兄弟，将之任，移书请兵备非常，得功率三百骑迎于高邮。而高杰疑其将图己，潜伏精卒，中道邀击之于土桥，得功大怒，还以大军将与决死战。督师史可法慰之曰："土桥之役，无智愚皆知杰不义，今将军以国故，捐盛怒，而归曲于杰，是将军收大名于天下也。"得功大喜，从之，以故事得已。

明年，高杰死于睢州，而诏得功、良佐、泽清御左良玉。大清兵至南京，良佐、泽清皆降。福王独身就得功于芜湖，得功惊泣曰："陛下死守京城，臣等犹可尽力，奈何轻身至此！"而刘良佐以兵至，得功大怒，出战，降将张天禄自阵后飞矢射之，中喉偏左。于时裨将田雄已挟福王降，得功以事不可为，骂曰："花马儿！黄将军岂为不义屈！事不济命也！"以矢自刺喉死。

左将军良玉者，字昆山，临清人也。少起军校，以斩级功为辽东都司，苦贫。尝挟弓矢射生，误劫锦州军装，坐法当斩。适丘磊者，与同犯，愿独任之，得免死。罢官，走昌平，事督师侍郎侯恂。会辽东大凌河围急，诏昌平军往援，总兵尤世威言于恂曰："大凌河当天下劲兵处，围不易解，独左良玉可任此，顾方为走卒，奈何帅诸将？"恂曰："良玉诚任此，吾独不能重良玉乎！"即使世威前谕意，与期诘旦会辕门。诘旦，送良玉行，谓将士曰："诸将士勉听左将军命！左将军今已为副将军，位诸将上，吾拜官疏，夜即发矣！"良玉出，以首叩辕门堮下，曰："此行倘不建功，当自刎其头！"已而连战松山、杏山，录捷功第一，遂为昌平总兵。

良玉长身赪面，骁勇，善为左右射，目不知书，然多智谋。崇祯六年，以昌平兵二千专办贼河南，数战有功，贼人惮之，呼为"左爷爷"。有喻布衣者，为掌书记，良玉每出军战胜而还，布衣出迎，欢甚；或败，坐见不为起，呼其名责数之，曰："良玉！朝廷待汝厚，今折损官家士马，又日靡其饷金，何以为颜乎！"良玉长揖，唯唯不敢就席。其后布衣死，每饭酹酒于地，呼为大兄。

　　良玉在河南久，会朝廷命太监为监军，太监多侵军资，临敌辄以精兵先遁，良玉意勿善也。已而贼众东下，遂拥兵不救，而令河南士大夫合疏留己，朝廷知出良玉意，不能夺也。熊文灿之为总理，部檄良玉军隶之。良玉轻文灿，不为用，而张献忠假良玉旗号袭宛城，道遇良玉而败，遂请降于文灿。良玉知其诈也，请击之，不许。献忠之叛，文灿使追之，不可。强之追，抵罗侯山败还。督师杨嗣昌荐良玉虽败，有大将才，遂拜平贼将军。击献忠，至玛瑙山，擒获其妻妾，而贼党惠登相降。登相，即贼中称"过天星"者也。既降，遂始终为良玉部将。良玉追献忠几及，献忠使其党马元利操重宝馈之，曰："献忠在，故公见重。公所部多杀掠，而督师猜且专，无献忠，即公灭不久矣！"良玉乃叹曰："吾即尽贼，安所见功乎？"遂纵之去。

　　初，嗣昌以良玉不受约束，而总兵贺人龙屡立战功，私许以人龙代之，及玛瑙山之捷，中止。人龙大恨，具以告良玉，良玉意益离。嗣昌调良玉九檄不至，而贺人龙亦三檄不至，乃以猛如虎为正总统，分良玉部兵与之。其后如虎战死南阳，而人龙为总督孙传庭斩以徇军，遂专倚良玉办贼。

　　良玉之起，既由侯恂，恂为事在狱，良玉三过商丘，令其下曰："侯公家在此，敢扰及草木者斩！"入城谒恂父太常卿侯执蒲，拜伏如家人，不敢自居于客将。朝命释恂于狱，督师救河南，而良玉以兵来会。良玉出兵至朱仙镇，与李自成战，不胜，拔营走。自成从后击之，败奔襄阳。河南既失，恂坐罢官。良玉知为己，愈怏怏。是时良玉兵八十万居武昌。崇祯十七年，诏封良玉宁南伯，畀其子梦庚"平贼将军"印，功成，世守武昌。

福王立，晋宁南侯；而侯恂故东林，马士英、阮大铖惧东林倚良玉为难，阴忌之。会监军御史黄澍入朝，挟良玉势，面触士英。澍返，以清君侧为请，良玉曰："世守武昌，非先帝命乎？先帝弃天下而背之，人其谓我何！"弘光元年，适有北来皇太子事，黄澍乃召三十六营大将与盟，假太子讨士英，良玉未有应，其将一人起曰："主帅必不动，某等请自行，不能郁郁久居此矣！"良玉遂起兵，而劫总督何腾蛟置舟中。腾蛟自沉于江，不死，其后臣唐王，殉节。

良玉至九江，总督袁继咸见良玉于舟中，良玉袖出太子密谕邀之盟，继咸正色曰："密谕从何来？先帝旧德不可忘！今上新恩亦不可负！"良玉色变，继咸归，召诸将于城楼曰："兵谏非正，晋阳之甲，《春秋》恶之，可同乱乎！"约相与拒守，而部将郝效忠出与良玉合，阴入城纵火，良玉望见城中火起，愤曰："吾负临侯！"忽呕血数升。临侯，继咸字也。

良玉知不起，召诸将曰："吾不能报效朝廷，诸君又不用吾法制，故至于此！自念二十年来，辛苦戮力，成就此军。吾死之后，出死力以捍封疆，上也；守一地以自效，次也；若散而各走，不惟负国，且羞吾军，良玉死不瞑目矣！"后军惠登相拔佩刀言曰："我公百年后，有不服副元帅号令者，齿此！"诸将皆曰："诺！"良玉遂死。

良玉精勇善战，多智谋，岳忠武之流亚也。《宋史》言忠武少习《春秋》，而或曰：宗泽初见忠武曰"为大将者不可不知书"，遂授以《春秋》。良玉大将才，而无人以《春秋》授之，惜哉！

良玉死，其子梦庚秘不发丧，劫袁继咸，引师而东，破建德、安庆，皆残其城，惠登相怒曰："若此，吾反不如为流贼时矣！其如先帅末命何！"登相以梦庚不足事，独引军去。梦庚遇大清兵而降，袁继咸死之。

唐王聿键者，太祖之子桱之后也。国于南阳，以起兵勤王，故庄烈帝责其不守祖制，禁之凤阳，其弟聿镆袭爵。李自成之陷南阳，杀聿镆。福王立，自禁中赦聿键还。及南京亡，南安伯郑芝龙立于福州。夏闰六月即位，改弘光元年曰隆武元年。王好学，通典故，性朴俭，蔬食布衣，宫中无嫔御。虽明之疏族，其臣皆以汉光武、昭烈期之。而鲁王以海者，亦太祖之子梓之后也。是月，监国绍兴，冬十月，诏征其来朝。鲁王大学士张国维上疏曰："方今高皇帝子孙皆当同心戮力时也。迨功成之日，入关者王，监国退就藩服，礼固宜然。今若遽以叔侄](灵皋按：原本作'致'，今依《南明野史·鲁监国载略》校正，且后者此句为'若以伦序叔侄定分'）伦叙为定分，恐未易假。且当此人心离散，鸠聚为劳。监国一旦南拜正朔，虑猝然变生，则唇亡齿寒，陛下亦非所利焉。"王无以难。

十二月，王自出师图恢复，而责其臣云云。大学士路振飞上疏曰："陛下谓群臣不改因循，必致败亡，臣谓陛下不以操切，亦未必能中兴也。陛下有爱民之心，未见爱民之政；有听言之明，未收听言之效。因群臣愚下而过于督责，因博览书史而务求明备，凡陛下所长，皆臣所深忧也。"是月，大学士黄道周战于婺源，死之。二年春正月，王次建宁。夏六月绍兴亡，鲁王入海。先是，郑芝龙执国政，不肯出师，数以兵饷不足为辞。秋七月，大清兵至建宁，郑芝龙以兵降。八月，王薨于汀州，王妃曾氏从死。

大学士苏观生立王弟聿𨮁于广州。冬十一月，即位，改元绍武。是月，桂王由榔立于肇庆。使者彭耀诏至，以王礼见，曰："以天潢伦叙，王虽高皇帝之裔孙，而吾王先帝之从弟，当立者也。"王杀之。十二月，广州亡。王薨，苏观生死之。

前绍兴监国鲁王以海既失国，飘泊海中凡八年。自去监国号，卒死于海中。而郑芝龙有子曰森，唐王奇其状貌，赐姓，名曰"朱成功"。芝龙之降也，谏不听，遂以兵入海，芝龙叹曰："此子往，海上之祸未艾也！"及闽地尽失，闽中大臣多往依焉，成功渡海取台湾以居。传子经，经传子克塽，历三十余年而亡。

桂王由榔者，庄烈帝之从父弟也。庄烈帝从父七人，其一曰福王常洵。常洵生由崧，建国南京而亡。其一曰桂王常瀛。常瀛生由楥，早卒；由楥之弟由榔，初封永明王。福王之亡国也，常瀛前以张献忠陷衡州，奔广西，尚书陈子壮欲立之，而唐王建国福州。是年常瀛卒，唐王以由榔袭爵居肇庆。及唐王亡国，广西巡抚瞿式耜立由榔于肇庆，改元永历，而唐王之弟聿𫓶亦建国广州。大清兵克广州，至肇庆，王次梧州。

永历元年春正月，王次桂林；三月，以大学士瞿式耜守桂林，王次武冈；秋八月，王次靖州；冬督师大学士何腾蛟以兵复广西，王还桂林。二年春，故提督金声桓以江西来归；故总兵李成栋以广东来归；秋八月，王还肇庆，成栋子南阳伯李元胤遂专国政。当是时，安文侯马吉翔与大学士朱天麟、严起恒、吴贞毓比，外结庆国公陈邦传，号曰"吴党"，而袁彭年、刘湘客、丁时魁、金堡、蒙正发，时称五虎，皆附李元胤，外结桂林留守瞿式耜，号曰"楚党"。两党中君子小人错杂，日相排击。金堡尝劾陈邦传十大罪，邦传亦上疏发堡阴事，王命朱天麟和解之。袁彭年、金堡遂逐天麟，吴贞毓心恶之，畏李元胤不敢发。三年，金声桓败死于南昌，秋九月，李成栋以兵攻赣州，闻声桓死，还军渡河，落水死焉。四年，王次梧州，以李元胤守肇庆。于是吴贞毓劾五虎把持朝政，金堡、丁时魁、蒙正发、刘湘客皆杖戍，独袁彭年以忧免。

先是，三年春，湘潭失守，督师大学士何腾蛟死之。是年冬桂林失守，留守大学士瞿式耜死之。五年，王次南宁，故贼孙可望前据云南，数请封秦王，大学士严起恒持不可，二月，王将迁云南，可望以兵来迎，遂贼杀严起恒于舟中，王乃封可望秦王。六年，可望以王入安隆，安隆在万山中，群蛮所杂处也。可望自建宫殿贵州，置百官，马吉翔谄事之，尝令郎中古其品画《尧舜禅受图》，其品大怒，不可。吉翔报可望，遂杖杀之。其不法如此！秋七月，陈邦传谋反伏诛，而李元胤见可望专，大怒，欲收高雷兵迎王入海，为土兵所执，死焉。自六年至十年，王在安隆。

先是，可望党李定国、刘文秀与可望有隙，王受逼于可望，大惧，谓太监张福禄、全为国曰："闻李定国、刘文秀已定广西，欲敕令统兵入卫，若等密图之！"七年，张福禄以王命告大学士吴贞毓，贞毓叹曰："主忧臣辱，不敢辞死！"乃密书敕令员外郎林青阳伪乞假归葬，持敕间道赴定国所，马吉翔知之，以报可望。八年，可望贼杀吴贞毓及同谋者十八人于安隆，遇王益无礼。王日食蔬粟不得饱，其臣乘车过宫门不为下，武臣时骑马挟弹入焉。

十年，李定国、刘文秀始奉前敕迎王入云南。王封定国晋王，文秀蜀王，马吉翔复谄事之，用事如故。十一年，孙可望举兵反，自十年至十二年，王在云南。十二年冬，大清兵入云南，李定国战败，王将出奔，行人任国玺谏，请死守，定国曰："不如暂移跸，再图恢复！"王意遂决。

十三年，王入缅甸，缅人置草屋，居王于赭硔。自十三年至十五年，王在赭硔。

十五年秋，缅人尽杀从亡诸臣，马吉翔与焉。冬十二月，以王归大清。明年，王薨于云南，年三十八。王在赭硔，常数日不举火，而御史任国玺采宋季大臣贤奸事为一书，上之。然王览止一日，太监李国泰即窃去。任国玺尝言："事急燃眉，当思出险。"马吉翔不悦，即责献出险之策，国玺忿曰："时事如此，犹抑言官使不言耶！"小人之善倾人国如此！王自起肇庆，往来桂林、武冈一年，还肇庆二年，往来梧州、南宁二年，在安隆四年，云南三年，缅甸二年，立十五年而亡。

濂洛关闽，衍道学之宗，而邵康节、陆象山虽异流而同源。明自薛文清承程朱之传，王阳明为象山之学，倡致良知之说，遂流于禅。康节则无有传焉者也。然刘念台先生之学似象山，黄石斋先生似康节。惟不寂其心，而心学皆措于身，不滞其数，而数学皆归于理，故与程朱同源者此也。

刘先生者名宗周，字起东，号念台，山阴人也。尝讲学蕺山书院，告学者曰："学之要，诚而已。主敬，其功也。敬则诚，诚则天。"学者皆称蕺山先生。其少孤，以年二十三举进士，丁母忧。三年服阕，选行人，请终养大父母，居丧七年始赴补。时朝中方与东林为仇，遂谢病归。天启时，起官，以劾魏忠贤削籍。崇祯初，召为顺天府尹，数言事。庄烈帝以为迂。居一年，复谢病归。其后再起再罢，以都察院左都御史争言官姜埰、熊开元下狱事，斥为民，而海宁举人祝渊抗疏请复故官。先生曰："子为此举，无所为而为之乎？抑动于名心而为之也！"渊爽然避席，曰："先生名满天下，诚耻不得列门墙耳！"遂从问学，先生自历事万历、天启、崇祯三朝，多所建白，其言关天下之要，然皆不能用也。庄烈帝恶言官争执不已，辄廷杖，先生立朝侃侃，独免于此。庄烈帝崩，走杭州，请巡抚发丧讨贼，不应，自募义兵，将起，而福王立，起故官。以争魏忠贤党阮大铖之进退，系江左兴亡，不听，告归，而南京亡。

其六月，杭州不守，潞王降。先生方食，闻变，推案而起，谓门人曰："昔北都之变，以身在田里，且有望于中兴而不死；南都之变，犹望继起有人。今吾越又降矣，不死尚何待乎？"门人张应煜曰："然降城中亦非先生死所也！"先生瞿然，遽移出城，遂绝食。始犹进茗饮，其后勺水不入于口，与门人问答如平时。至二十三日而卒，年六十八。门人周之璇负遗书与先生之子沟避兵山寺中，事定，乃还。

黄先生者，名道周，字幼平，漳浦人也。漳浦山间有孤岛曰铜山，山有石室，尝读书其中，因号石斋，为人严冷。自少时同学尝强饮之酒，呼妓与卧。及酒醒而觉，转侧间鼾睡如常。比明，妓出，言于同人曰："黄公圣贤也！"年三十八成进士，授翰林院编修，以丧归。崇祯初，起右中允，迁侍读学士，数言事。庄烈帝不喜，再廷杖。以争杨嗣昌夺情事削籍，谪戍广西。会周延儒再相，欲参用公议，荐起故官，谢病归。福王立，起为礼部尚书，奉命祭禹陵，事竣而南京亡。见唐王于衢州，拜武英殿大学士，请募兵图恢复。裨将施琅尝晏见言事，先生叹曰："君言是也！顾吾大臣，仗义守死而已，倘有他奇变可以佐时，君辈行矣！勉之！"其十二月，战于婺源，败绩，不屈，幽于江宁。明年三月，将受刑，时有求书者未与，命仆取笔墨，展纸为楷书，幅长，作大字终之而死。门人陆自岩匿其首，并全体殓之，子霓以柩归。

先生既精数理，推验治乱，无不奇中，又好神仙之术，然从容慷慨死义如此，诚卓然知命君子哉！殁后，家人得小册书曰：终于丙戌，年六十二。

余瞻夫子庙堂，历两庑，识两先生姓名，读其书，想见其学问，执笔书此，愧未能尽其梗概云。

丘维屏曰："明太祖定造士之制，首用四子书、程朱之说。其学校传经之教熟且专一，相沿于耳目，人之其人，而莫之知。信哉！文章可以观气节，其间岂无一二言行离异者耶？然以文取之所失固鲜，大都如其人，如其人焉。"

金声者，字正希，休宁人，占籍嘉鱼。初从龙韬习制义，命题至六七作，不许可，徐出所藏名作示之，反复至三十余作，以故文无不尽之意。明制义自王唐归胡后，以声为称首。为人慷慨好言兵，以翰林院庶吉士事庄烈帝，举僧人申甫为将，遂为御史，参其军，兵败告归。会乡邑多盗，为团练义勇防御，而凤阳总督马士英征贵州兵过祁门肆掠，弟子江天一率壮士斩馘大半，乱始定。士英以倡乱讦声，帝识金声名，起为修撰。故事，修撰专授殿试第一人，此命盖异数也。以母丧请终制。福王擢为佥都御史，不就。以南京亡起兵，唐王就加兵部侍郎。

当是时，江南北州县起兵相应者，苏州徐汧、松江沈犹龙、宁国丘祖德、贵池吴应箕、宣城麻三衡，不可胜数，大抵皆文士尚气节者也。

黄淳耀者，字蕴生，嘉定人也。自少即有志圣贤之学，工制义，以进士起兵嘉定，城破，自缢。前金声死二月。自金声起兵三月，故御史黄澍为内应，城破，率麾下数十人驰入清兵，被执，不屈死焉。

陈子龙，字卧子，青浦人也，制义与黄淳耀并称。先是，诗学弊于宋元，至明，何李七子转而学唐，一时讥为伪体，然其后变为钟谭体而愈坏，屈大均最晚出，遂为第一。金、黄皆专制义，未尝为诗，子龙独兼之。其豪放之气，盖与七子相抗云。以进士为绍兴推官，单骑入邻郡降剧盗，擢兵科给事中，未至而京师陷。以兵部尚书事福王，累疏论事，不听，乞假归。南京亡，遁为僧。明年，结太湖兵将起，事露，死。后金声之死几一年矣。庄烈帝之亡，半由周延儒，而周钟、项煜负制义重名，皆降贼，议者因诋訾文士。然金声、黄淳耀之属，其文章气节之盛何如哉！而其余赍志郁抑死者，盖又多矣。

陈际泰者，字大士，临川人，制义与金声齐名。崇祯甲戌成进士，年六十八矣。又七年卒。

艾南英，字千子，东乡人，举天启甲子乡试。唐王授御史，卒于延平。

章世纯，字大力；罗万藻，字文止，皆临川人，工制义，并称"章罗陈艾"者也。世纯举天启辛酉乡试；

又六年，万藻举于乡，世纯知柳州，年七十，闻京师陷，悲愤遘疾卒。福王时，万藻始知上杭县，唐王擢礼部主事。艾南英卒，哭而殡之，数月亦卒。

古文虽一艺，而道寓焉。故古之名此者，非独其文之美也，必其人之贤。就其言之深浅而学之，醇疵盖莫掩矣。然自唐宋八家而后，人虽各本其学以为之，而其法则莫能外。明自归熙甫取法欧曾而更其貌，王道思犹不及也，而侯朝宗、魏冰叔则皆得于三苏为多。

侯方域，字朝宗，商丘人也。少从其父恂宦京师，习知朝中君子小人之故，矫矫立名节，好大言，遇人不肯平面视，喜睚眦报复。然一语合，辄吐出肺肝，生不容口。振友之急，能不惜千金，著名于复社，与宜兴陈贞慧定生、贵池吴应箕次尾交最善。先是，顾泾阳、高景逸讲学东林，海内士大夫多从之游，故魏忠贤诬为东林党，而复社则杨维斗、张天如倡之，以踵东林者也。忠贤党阮大铖寓南京，招纳豪侠，日谈兵，冀以边才召用，复社顾杲以乡试至南京，惧其为乱，[刊]（灵皋按：原本作"到"，今依文意改正）《留都防乱揭》逐之，列名者数百人，方域、贞慧、应箕皆与焉。

方域尝往来于妓李香家，有王将军者为赍酒奏技，积旬不倦。方域疑而问故，王将军屏人曰："是阮光禄所愿纳交于君者也！光禄为君之友吴君次尾、陈君定生所诟，愿请解于君！"李香谓方域曰："妾幼识陈君，其人有高义，闻吴君尤铮铮，今皆与公子善，奈何以阮公负至交！且以公子之世望，安事阮公！"方域称善，因醉卧不起。王将军殊怏怏辞去，不复通。

大铖家畜优伶，善演所自作剧，号《燕子笺》者。方域置酒会贞慧、应箕，而使征阮伶。大铖窃喜，使其奴来侦，方度曲，四座称善，渐论天下事。及大铖，遂大骂不止。大铖闻而益恨，思一旦得志，尽杀以报，而未有以发也。

方域下第归，李香歌《琵琶词》送之，曰："公子才名文藻，雅不减蔡中郎。中郎学不补行。今《琵琶》所传事固妄，然尝昵董卓，不可掩也。公子豪迈不羁，又失意去，愿终自爱，无忘妾所歌《琵琶词》，妾亦不复歌矣！"及福王立，大铖柄用，兴大狱，贞慧先械送下狱，应箕潜入视，即夜亡去，而方域亡渡江，依镇将高杰得免。方域既好为古文，末年将刻集，集中文未脱稿者，一夕补缀立就，人竞奇之。入大清，以疾卒，年三十七。而应箕先起兵贵池，死焉。贞慧以入狱受刑，南京亡，脱归，终于家。同时南昌王猷定于一，以古文名，与方域相埒，而魏禧稍后出世，遂并称侯魏。

魏禧，字冰叔，宁都人也，后方域六岁生，然不相识。负才略，好擘画理势，以避乱移家金精山之翠微峰，筑室与同志讲《易》，号易堂九子。九子者：李腾蛟咸斋、彭士望躬庵、朱议霶用霖、曾灿青藜彭、任中叔、禧之兄祥善、伯弟礼和、公姊之夫丘维屏邦士及禧也。九子皆为古文。或曰丘维屏文奇澹，能敛郁其气于混渀中，序事虽伤于繁，然明古文自归熙甫后，断以为最。又曰彭士望气和而锋不可犯。或曰士望文盖不能如是。九子其七皆宁都人，独彭士望、朱议霶为南昌人。朱议霶者，宁王权之支孙也。宁王国于南昌，故子孙遂为南昌人。初见天下将乱，专意结客，招致异人。尝师事段太仆，令读《大学衍义》，求实用，而交江夏张若仲，传其击刺术。又访士于乐平王纲，纲曰："子同里彭躬庵，方今俊杰也，而外求乎？"议霶与士望故亲戚，各负才不相能，至是倾身交士望，士望亦故奇议霶，两人者交遂第一。士望三至宁都见魏禧定交，而偕议霶往依之。士望常出游，议霶家居，兼督两家事，既而叹曰："不力耕不得食也！"遂率妻子种茶于冠石，更姓及名字曰林时益确斋。酒后辄慷慨悲歌，见精悍之色。居久益隐畏，务摧刚为柔，持经素食终其身。魏禧尝曰："愿为之死，而未得也。"九子中独魏祥更名际瑞，出为大清招贼将韩大任，死焉。魏禧晚年始易服出游，思尽交天下非常之人。闻有隐逸士，不惮千里造访。大清征博学[鸿]（灵皋按：原本作"安"，今依文意改正）词，以疾辞，卒年五十七。

当是时，三楚吴越耆旧多立名义以文术相高，而宣城沈寿民眉生躬耕穷乡，吴中徐枋昭发、杨无咎震伯、朱用纯致一称三高士，虽贤士大夫不得一见其面，然尚有楮墨流传人间。上元张怡瑶星，独身寄摄山，著经说及论述史事数十百卷。殁时尽入圹中，虽后人不得见焉。呜呼！明之亡也，文士幽隐者盖多矣，大都不能尽传，抑亦不必尽传。然其志义与此皆不类之类也。

恽格者，字寿平，以字行，更字正叔，武进人也。父日初，明亡，为僧，金坛人王祈聚众建宁，应桂王，迎为谋主，三子皆从军，长子桢战死，次桓与格皆为大清总督陈锦所略，其妻爱格，子之，桓遂不知所终。日初以事不可为，散众而归，转游杭州。适陈锦妻携格游灵隐寺，日初因与寺主谛晖谋，绍之曰："此子宜出家，不然且死！"锦妻泣留于寺中而去。格以父兄忠于明，不应举，兼治古文，卖画为生，以供其父宾客酒食之费。父殁，常闭门穷饿，非其人不与画也。画初工山水，后与常熟王翚石谷交，曰："君艺独绝矣！吾不为第二手也。"遂用徐熙、黄筌法作花鸟，自是写生为天下第一。恽氏作画，自本初始，格少时尝师事之；日初以枯墨作山水，殊古简，然非专家。而宁王裔孙曰八大山人，亦善画，不传其名。